Erasmus von Rotterdam

Alle müssen den Krieg verlästern

Reihe *edition pace* | Band 21
Herausgegeben von Peter Bürger,
Korrektorat: Ingrid von Heiseler

Die Inhalte des vorliegenden Bandes
liegen in der Verantwortung des Herausgebers.

Diese Erasmus-Übersetzung wird verbreitet von:
Bodo Bischof-Impuls | Projekt „Kirche & Weltkrieg"
‚Die andere Reformation': Wolfgang Krauß, Augsburg
Internetportal: friedenstheologie.de
Lebenshaus Schwäbische Alb e.V.
Ökumenisches Institut für Friedenstheologie (OekIF)
Ökumenisches Netz in Bayern
pax christi: Bistumsgruppen Freiburg, Essen,
Köln, München, Münster, Paderborn | sowie
pc-Kommissionen ‚Gewaltfreiheit' & ‚Friedenspolitik'
Portal: worldcitizens.de | Tolstoi-Friedensbibliothek.de
Solidarische Kirche im Rheinland
Versöhnungsbund

Erasmus von Rotterdam

Alle müssen den Krieg verlästern

„Die Klage des Friedens" 1517,
übersetzt von Rudolf Liechtenhan

Mit einem Vorwort von
Eugen Drewermann

edition pace

Diese Buchausgabe folgt
der schon online erschienenen
Digital-Fassung | OekIF & SoKi

Erasmus von Rotterdam
Alle müssen den Krieg verlästern
„Die Klage des Friedens" 1517,
übersetzt von Rudolf Liechtenhan | 1934

Mit einem Vorwort von Eugen Drewermann
edition pace (Gründungsreihe) | Band 21
Herausgeber: Peter Bürger
Korrektorat: Ingrid von Heiseler

Umschlaganteile: Erasmus-Bilder von
Hans Holbein, † 1543 | commons.wikimedia.org

Redaktion, Satz & Gestaltung: Peter Bürger
Herstellung und Verlag: BoD – Books on Demand, Norderstedt
ISBN: 978-3-7583-8178-2

Inhalt

Bildnis des Erasmus von Rotterdam
Anoniem Hollands XVIII. | Universitaire Bibliotheken Leiden

„Alle müssen sich gegen den Krieg verschwören
und ihn gemeinsam verlästern. Den Frieden aber
sollen sie im öffentlichen Leben und im privaten Kreise
predigen, rühmen und einhämmern."

Querela pacis | Die Klage des Friedens, 1517

Vorwort zu
‚Erasmus von Rotterdam:
Die Klage des Friedens'

Eugen Drewermann

Inmitten einer Welt des Krieges erhebt die Friedenssehnsucht unablässig ihre unerhörte Klage: Sie liegt in der Natur des Menschen, sie macht uns allererst zu Menschen, und sie entspricht dem Kern der Botschaft Jesu, meint Erasmus.[1] Jedoch: wo denn in der Geschichte der Menschheit fände je sich Frieden? Man hat ihn von der Welt verjagt, so gründlich, daß die Gewöhnung an das Grauen des Krieges längst schon „das Wahrnehmungsvermögen für das Böse" beim auftragsgemäßen Ermorden von Menschen auf den Schlachtfeldern der Welt nahezu unempfindlich gemacht hat (34). Wie von Furien gehetzt, erkennen die Menschen in ihrem Unglück „die Schwere der eigenen Krankheit" nicht mehr, Krieg und Kriegsbereitschaft sind „ein für allemal eine Art Ozean aller Übel, … die es überhaupt … gibt." (28) Jeder weiß das. Dennoch gilt es „fast als Kapitalverbrechen", wenn man von Frieden auch nur spricht (61).

Was des Erasmus „Klage des Friedens" wohl am meisten faszinierend, aber auch am meisten deprimierend macht, ist ihre scheinbar unverändert andauernde Aktualität. „Frieden braucht Verteidigung" liest man derzeit (im Mai 24) auf den Werbeplakaten der Spitzenkandidatin der FDP für das EU-Parlament; vordem mußte man sich kriegsertüchtigen, um die Freiheit zu verteidigen; jetzt, seit Beginn des „russischen Aggressionskriegs" am 24. Februar 22 in der Ukraine, gilt in politischer Korrektheit als ein Kriegsbefürworter, wer noch, wie zum Beispiel Papst *Franziskus*, einen Verhandlungsfrieden fordert, statt einer ständigen Ausweitung und Verlängerung der Kampfhandlungen. Ein Gegner wie der russische „Diktator"

---

[1] Erasmus von Rotterdam: Die Klage des Friedens. *Querela Pacis*. Zweisprachige Ausgabe von Kai Brodersen. Wiesbaden 2018, S. 87. – Die Ziffern bei den nachfolgenden Zitaten im Vorwort sind Seitenangaben zu dieser Ausgabe.

versteht nach Meinung des derzeitigen Außenministeriums der BRD allein die Sprache der Gewalt, und erst wenn er besiegt ist, darf man mit ihm reden. Also: der einzige Weg zum Frieden ist ein gewonnener Krieg, und um ihn zu gewinnen, muß man soviele Menschen töten und soviel an Material zerstören wie nur möglich, bis daß der Gegner in Ermangelung an Mannschaft und an Nachschub zur Aufgabe gezwungen ist. Die Hunderttausende von Toten, die diesen Pfad zum Siegfrieden in ein Meer von Blut verwandeln, haben weder Skrupel noch Bedenken zu erregen, denn die Schuld daran trägt ausschließlich, wie stets, der Gegner, man selbst – versteht sich – tritt allein für Recht und Ordnung ein; man bekämpft das Böse als Verteidiger des Guten, denn wohlgemerkt: man schützt heroisch und entschlossen den Wert der Menschlichkeit gegen die Inhumanität von Willkür und Gewalt.

Ist wirklich da ERASMUS noch als „Humanist" zu würdigen, wenn er genau ein solches Denken als einen eklatanten Widerspruch zu den Grundsätzen menschlicher Moral sowie den Mahnungen des Christentums erklärt? Fest steht: seine „Klage des Friedens" ist eine kompakte Anklage gegen die als ganz normal geltende Friedlosigkeit der Welt. Sie macht bewußt, wie unnatürlich, unmoralisch und unchristlich wir unter dem Diktat der Mächtigen in Politik und Wirtschaft dahinleben, und fordert dazu auf, den allenthalben anzutreffenden Zustand staatlicher Handlungsweise und Verwaltung nicht länger hinzunehmen – im Namen unseres eigenen Gewissens und der Stimme Gottes, die uns sagt: Du sollst nicht töten. Vernunft und Frömmigkeit verlangen einmütig nach Frieden; die Tür zum Krieg hingegen ist *die Torheit* und ihr verführerischer Prunk *die Perversion des Religiösen*.

Die Torheit ist gepaart, ja ganz identisch mit Mitleidlosigkeit, Hartherzigkeit und Blindheit. – Wie kurz ist jedes Menschenleben und wie viel an Leid legt die Natur ihm auf? „Wie vielen Krankheiten, wie vielen Unglücksfällen ist es ausgesetzt!" fragt rhetorisch ERASMUS, um fortzufahren: „obwohl es schon von sich aus mehr Übel mit sich bringt, als man ertragen kann, verursachen die Verrückten sich dennoch den größten Teil der Übel selbst. Eine solche Blindheit hat die Sinne der Menschen besetzt, dass sie nichts davon durchschauen … Sie kämpfen überall und ständig miteinander, und es gibt kein Maß und kein Ende. Es stößt Volk mit Volk zusammen,

Stadt mit Stadt, ... Fürst mit Fürst, und wegen der Dummheit oder wegen des Ehrgeizes zweier Menschlein, die bald wie Eintagsfliegen dahinsterben müssen, werden die menschlichen Dinge hinauf und hinab verwirrt." (53)

Die „menschlichen Dinge" – sie lehrten eigentlich uns Demut, Mitgefühl und Eintracht, hat doch die Natur selbst uns „wehrlos und gebrechlich" hervorgebracht, so daß wir ohne den „Antrieb zur gegenseitigen Liebe" gar nicht überleben könnten (32; 33). Wer daher das Wort „Mensch" vernimmt, der sollte glauben, es kündige dem Frieden eine Heimstatt an. Aber stattdessen: allerorten Streitigkeiten, Advokaten, Ringmauern und kaum ein Haus, in dem „wenigstens ein paar Tage lang Platz" für den Frieden wäre (35). Hat man die Staaten und Regierungen nicht eingerichtet, daß sie Frieden hüteten und Ordnung hielten? Jedoch gerade an den Fürstenhöfen erkennt man „nicht einmal den Schatten wahrer Eintracht ... Alles ... geschönt und erlogen, durch offene Parteiungen, geheime Intrigen und Rivalitäten vollständig zerrüttet ... von hier (stammen) die Quellen und Keime aller Kriege." (36) Denn ständig geht hinter der zelebrierten Maskerade eitler Freundlichkeit und Feierlichkeit erbarmungslos der Kampf um Geld und Geltung weiter.

Ein Nachbarland, wie Frankreich um 1517, als ERASMUS seine Friedensklage formulierte, lebt zum Beispiel relativ in Glück und Wohlstand, – und was folgt? Eben seines Wohlstands wegen wird es angegriffen (56)! Es droht stärker zu werden als man selbst! Neid, Konkurrenz und Mißgunst bedingen einen steten Streit, um kleinliche Vorteile im Konkurrenzkampf zu erhaschen oder zu verteidigen. – Die Wehrlosigkeit unserer menschlichen Natur führt also gerade nicht, wie wünschenswert, zu Hilfsbereitschaft und Verständigung, – wenn sie das tut, dann allenfalls in Überlagerung der Angst vor der Gefahr, die ein Mensch einem anderen bedeutet. Sobald der eine sich an Machtmitteln als stärker zu erweisen droht als ein anderer, schließt man sich kriegsbereit in Bündnissen zusammen, um mit ihm gleichzuziehen, und vermehrt dadurch das Übel der Gewalt anstatt es zu verringern.

Die Tiere möchte man unter diesen Umständen beneiden, daß sie mit Waffen ausgestattet sind, die ihnen im Rivalitätskampf und beim Beutefang behilflich sind; die Menschen, weil sie wehrlos auf die Welt gekommen sind, rüsten sich auf „mit höllischen Kriegsmaschinen ... Wer mag ... glauben," fragt fassungslos der Friede des ERASMUS, „daß Kanonen eine Erfindung des Menschen sind?" (57) Bei GOETHE bringt's der Teufel auf den Punkt, wenn er dem Liebe und Wahrheit suchenden Faust den Irrsinn des menschlichen Treibens mit den Worten erklärt: „Er nennt's Vernunft und braucht's allein, um tierischer als jedes Tier zu sein."

So viel steht fest: Tiere zünden keine Wasserstoffbomben, um Millionen Menschen auf einen Schlag zersprengen, verbrennen und verstrahlen zu können. Wie kann es überhaupt geschehen, daß man es als Heldentum hochpreist, wenn jemand sein Schwert schneller in die Eingeweide seines Gegners stößt, als daß ihm dieser seinen Kopf abschlagen könnte? Für so etwas mag man „junge Männer" begeistern, „denen der Krieg so sehr gefällt, weil sie noch nicht erfahren haben, wie viel Übel er hat." (71) Den Worten nach sühnt man im Krieg eine Rechtsverletzung; doch welch eine Begründung wäre zu „geringfügig, daß sie nicht ein geeigneter Anlass für den Krieg zu sein scheint?" (58) „Ja, wo gar kein Grund vorhanden ist, denken sie (sc. die Regierenden, d. V.) sich selbst Gründe für Zerwürfnisse aus, indem sie die Ländernamen (sc. Nationalinteressen, d. V.) zum Schüren des Hasses missbrauchen." (74)

Besonders „den profanen Namen ‚Vaterland'" führen sie „als gewichtigen Grund" an, „warum ein Volk nach der Vernichtung eines anderen Volkes trachtet." Als wäre nicht „diese Welt das gemeinsame Vaterland aller"! (75). Und stimmt es denn überhaupt? Man bekämpft im Krieg das Verbrechen? Gerade darin besteht die zentrale Lüge aller Kriegsbegründer! Der Krieg selbst ist eine einzige Aneinanderreihung von Verbrechen, die man verüben muß, um über die vorgegebenen oder vermeintlichen „Verbrecher" siegreich zu werden. „Wenn du Raubzüge verabscheust: Eben diese lehrt der Krieg. Wenn du Vatermord verfluchst: Den lernt man im Krieg. Wie sollte denn einer noch Hemmungen haben, im Affekt einen einzigen umzubringen, der, für ein kleines Handgeld gedungen, so viele Menschen absticht? ... Der Krieg ist der Lehrmeister all dieser Dinge." (78)

Der Krieg verhindert demnach absolut keine Verbrechen, er ist im Gegenteil die schlimmste Schule sämtlicher Verbrechen. Wenn es im Jahr 2024 in der BRD eine verfassungsfeindliche Beleidigung ist zu sagen: „Soldaten sind Mörder", dann bezeichnete im Jahre

1517 schon Erasmus Soldaten als bezahlte Auftragsmörder, die „für ein paar Goldstücke zum Schlachten und Mord gedungen sind." (62) In summa: Der Krieg ist „die allgemeine Krankheit des Erdkreises." (61) Oder anders ausgedrückt: er ist in Vorbereitung, Durchführung und ideologischer Rechtfertigung die Geisteskrankheit, der Wahnsinn, die vollendete Verrücktheit des Politischen.

Dringend benötigt würde also zur Durchsetzung der einfachsten Forderungen der Vernunft eine von Grund auf wirksame Therapie. Doch jetzt kommt alles noch schlimmer dadurch, daß man die einzige und beste Medizin gegen die paranoische Psychose des Politischen: das Christentum, gerade dieses, in eine Kriegsdroge für Süchtige verwandelt hat. Ärger als alle Amphetamine zum Aufputschen von Aggressionen wirkt die perfekte Perversion der Botschaft Jesu in der unverschämten Kirchenlüge von der göttlichen Beauftragung des Staates, mit dem „Schwert der Gerechtigkeit" die Urteile Gottes im Himmel auf Erden zu vollziehen. „Schwertjustiz", das heißt: Gewaltjustiz, das heißt Todesstrafe, das heißt: Krieg. Und es heißt, daß das Gottesbild eines vergebenden und gütigen, gerade nicht strafenden Hintergrundes dieser Welt, das Jesus uns zur Befriedung der Welt im Namen seines „Vaters im Himmel" zu bringen kam, beiseite gestellt wird zugunsten der ideologischen Rechtfertigung einer Machtausübung im Stil und Vorbild altorientalischer Dynasten.

Was Erasmus davon abhält, den theologischen Verdrehungen der Botschaft Jesu in der kirchlichen Lehre und Praxis Glauben zu schenken, ist die Konkretion der Vorstellung. „Wie kannst du mit dem Mund den gemeinsamen Vater anrufen, wenn du in die Eingeweide deines Bruders das Schwert stößt?" fragt er (46). Wie soll man einen Papst wie *Julius II.*, der schon in seinem Namen den römischen Feldherrn *Gajus Julius Caesar* sich zum Vorbild gesetzt hat, im Sinne des Friedensfürsten Jesus Christus tätig glauben! Doch es ist zu allen Zeiten das gleiche: die gesamte klerikale Entourage steht submissest zur Verfügung. Voller Empörung muß der „Friede" des Erasmus feststellen: „Es schämen sich nicht die Theologen, die Lehrer christlichen Lebens, es schämen sich nicht die Bekenner (*professores*) der vollkommenen Religion, es schämen sich nicht die Bischöfe, es schämen sich nicht die Kardinäle und Stellvertreter Christi, Urheber und Brandstifter jener Sache zu sein, die Christus so sehr verachtet hat. Was hat die Mitra mit dem Helm gemein? Was der Krummstab mit dem Schwert? Was das Evangelienbuch mit dem Schild? Wie verträgt es sich, das Volk mit dem Friedenswunsch zu begrüßen und den Erdkreis zu den blutigsten Schlachten aufzuhetzen, mit der Zunge Frieden zu geben, tatsächlich aber Krieg zu entfesseln? Du lobst mit demselben Mund, mit dem du Christus als Friedensstifter predigst, den Krieg, und auf derselben Trompete besingst du Gott und Satan? Du stachelst beim Gottesdienst, in die heilige Kutte gehüllt, das einfache Volk zum Morden an, das aus deinem Mund die Lehre des Evangeliums erwartete?" (59)

Das Resultat solch einer unsäglichen Heuchelei und Verlogenheit ist ein „christliches" Europa, in dem Jahrhundert um Jahrhundert Christen zu Hunderttausenden über Christen herfallen und sich mit technisch immer ausgeklügelteren Mordgeräten niedermachen, gesegnet und vorangetrieben mit den scheinheiligen Gebeten ihrer Militärgeistlichen, für die nicht mehr gilt, daß wir alle in Christus Brüder sind, sondern für die es ein neues Dogma geworden ist, es sei der „wahre" Gott erst der der eigenen Konfession, dann der der eigenen Nation, so daß ein Christ einen anderen Christen zerstechen, zersprengen und vergasen muß, weil er selbst ein Deutscher, der andere aber ein Franzose, Brite, Italiener oder Russe ist. Sogar das Zeichen der Gemeinsamkeit und des Heiles, das Symbol des Kreuzes, ist zu einem Abzeichen militärischer Großtaten verkommen. Das Sakrament des Abendmahles, das man ins Kriegslager trägt, soll jetzt dazu ermutigen, daß derjenige, der es eben als Bild der größten Eintracht empfangen hat, „in die Schlachtenreihe rennt, das grässliche Eisen in die Eingeweide des Bruders stößt und für die allergrässlichste Tat, die den Höllengeistern höchstes Entzücken bereiten muss, Christus zum Zuschauer macht … Was schließlich das Allerabsurdeste ist: In beiden Feldlagern und an beiden Schlachtreihen … werden Gottesdienste abgehalten. Was ist das für eine Ungeheuerlichkeit: Es kämpft das Kreuz mit dem Kreuz, Christus führt gegen Christus Krieg! … Die Menschen sind nicht irgendeines Kreuzes würdig, sondern nur des wahren. Ich frage, wie kann ein Soldat in diesen Gottesdiensten das *Vater unser* (Mt 6, 9 ff.) beten?" (63)

Bekanntlich kann und tut er es, freilich derart theologisch betäubt in seinem Wahrheitsempfinden, daß er nicht mehr merkt, wie jedes Wort in seinem Munde das Gebet des Herrn in eine zynische Blasphemie verwandelt, – man muß es nur durchgehen, wie

ERASMUS es tut: „Du harter Mund wagst es, ihn (sc. Gott, d. V.) *Vater* zu nennen, der du die Kehle deines Bruders durchschneiden willst? *Geheiligt werde dein Name*: Wie könnte der Name Gottes mehr geschändet werden als durch solches Getümmel unter euch? *Dein Reich komme*: So betest du, der du durch so großes Blutvergießen deine Tyrannis errichtest. *Dein Wille geschehe, wie im Himmel, also auch auf Erden*: Jener (sc. Gott, d. V.) will den Frieden, und du rüstest zum Krieg. Das *tägliche Brot* erbittest du vom gemeinsamen Vater, der du die Saatfelder des Bruders verbrennst und lieber willst, daß sie auch für dich nutzlos werden, als dass sie ihm nützen? Mit welchem Mund wirst du jenes sagen: *Und vergib uns unsere Schuld, wie auch wir vergeben unseren Schuldigern*, der du zum Brudermord eilst? Du suchst durch Beten die Gefahr der *Versuchung* abzuwenden, der du unter deiner eigenen Gefahr den Bruder in die Gefahr hineinziehst. Du verlangst, *vom Übel erlöst* zu werden, durch dessen Einflüsterung du gegen den Bruder das schlimmste Übel ausheckst?" (63-64)

Eine Kirche, die, quer durch die Zeit, verstärkt sogar noch durch den politisch hoch aufgeladenen Konfessionsstreit, nicht müde wird, an allen Frontabschnitten mit Gebetsgottesdiensten ihre Gläubigen auf eine solch verlogene Weise „beten" zu lehren, damit der Herr im Himmel bei dem bevorstehenden Menschenmassaker auf Erden den erfolgreichsten Schlächter als Sieger segne, – eine solche Kirche müßte längst als Künderin des Gotteswortes diskreditiert sein. Es ist allein der nicht auszurottenden Friedenssehnsucht der Menschen zuzuschreiben, wenn immer noch die Hoffnung gehegt wird, die unverfälschte Haltung Jesu möge endlich – trotz oder wohl auch vermittels der Kirche – vor aller Augen in Erscheinung treten, denn sie ist ein klares und bedingungsloses Bekenntnis zum Frieden, ohne jedes Wenn und Aber. Sie allein bietet die Erlösung von der Furie des Krieges, indem sie im Falle eines ungerechtfertigten Angriffs den Angstreflex unterbindet, mit aller Macht zurückzuschlagen.

Der gesamten Dynamik des Wahnsinns militärischer Gewalt unterliegt das Bestreben, die Angst vor dem potentiellen Angriff eines Gegners zu beantworten mit der Angst, die wir ihm durch die Drohkulisse des eigenen Gefahrenpotentials bereiten. Die militärische „Abschreckung" wird damit zum Instrument der eigenen Sicher-

heit. Bis in die Gegenwart ist dieses Denken politisch in immer grö-
ßer sich organisierenden Formationen vorherrschend. In Wahrheit
aber schafft man auf diese Weise keine höhere Sicherheit, sondern
nur eine alles bedrohende Ausdehnung der Gefahrenlage: Die
Angstflucht in die Angstverbreitung zur Einschüchterung des Gegners kann nur zu dem Teufelskreis ständiger Aufrüstung und immer neuer Formen überraschender Möglichkeiten wechselseitiger
Vernichtungsdrohungen führen. Statt Sicherheit Unsicherheit, statt
Frieden Krieg, statt Versöhnung Dauerkonflikte um wechselnder
Machtvorteile willen, – das ist die Bilanz dieses allerorten üblichen
„Kampfs gegen das Böse".

Daß ERASMUS im 16. Jahrhundert nicht die Mittel psychologi-
scher Erklärungsmöglichkeiten zur Verfügung standen, wie sie hernach in der Philosophie des 18. Jhs. entwickelt wurden, macht es zur
Begründung einer christlichen Erlösungslehre (Soteriologie) erst
recht unumgänglich, seine ebenso hellsichtige wie zentral zutreffende Akzentuierung auf die *eine* Aussage Jesu in der Thematik von
Krieg und Frieden aufzugreifen und in ihren Konsequenzen zu
Ende zu denken: „Leistet dem Bösen keinen Widerstand." (Mt 5, 39)

ERASMUS stellt diese Aussage in den erweiterten Zusammenhang
des Machtstrebens, das sich durchaus auch als Überkompensation
eigener Minderwertigkeitsgefühle verstehen läßt, und schreibt:
„Weil er (sc. Christus, d. V.) … wusste, dass dort kein Friede bestehen kann, wo um ein Staatsamt, um Ruhm, um Reichtum, um Vergeltung gestritten wird, wie riss er da mit Stumpf und Stiel derartige
Leidenschaften aus dem Herzen der Seinen, verbot ihnen insgesamt,
dem Bösen Widerstand zu leisten …, hieß sie, denen, die ihnen Üb-
les tun, dies mit Gutem zu vergelten und, wenn sie könnten, denen
Gutes zu wünschen, die ihnen Böses wünschen (Mt 5,44)." (47) Jesus
wollte das gesamte Gezänk um Geltung und Geld beendet sehen;
doch als die Hauptursache der unablässigen Kriegsvorbereitungen
und Kriegsdurchführungen suchte er die Illusion zu enden, man
könne das Böse im Kampfmodus angehen und gewaltsam aus der
Welt schaffen. Gerade die schlimmsten Formen des Bösen haben
ihre je eigenen Ursachen, und nur wenn man diese in ihrer jeweili-
gen Eigenart bewußtmacht und durcharbeitet, wird es gelingen, die
sich daraus ergebenden Symptombildungen zu erübrigen. Man
muß die an sich berechtigten, aber bislang nur bekämpften Bedürf-

nisse hinter dem als böse in Erscheinung tretenden Begehren aufgreifen und durchgehen, um sie auf geordneten Bahnen zur Erfüllung zu führen. Es gilt daher, meint Jesus, auf das Böse mit Gutem zu antworten und es mit Güte zu verwandeln bzw., wie *Paulus* formuliert: „Laß dich nicht vom Bösen überwinden, sondern überwinde das Böse mit Gutem." (Röm 12,21)

„Setzt," schlägt ERASMUS vor, um diesem zentralen biblischen Standpunkt eine begreifbare Begründung zu geben, „ gegen die Gefahr ein, was Versöhnlichkeit vermag, was Wohltätigkeit. Krieg wird aus Krieg gezeugt, Rache zieht Rache nach sich. Nun aber möge Wohlwollen Wohlwollen schaffen und Wohltat zu Wohltat einladen, und derjenige soll als königlichster gelten, der am weitesten auf seinen Rechtsanspruch verzichtet hat." (88) Solche Herrscher werden „über fromme und glückliche Menschen gebieten, sodass sie mehr durch Gesetze als mithilfe der Waffen herrschen." (88-89) „Schließlich werdet ihr jeder für den anderen und alle für alle lieb und zugleich angenehm sein, vor allem aber Christus willkommen, dem zu gefallen das höchste Glück ist." (89)

Eine derartige Befreiung von dem Angstreflex, auf Gewalt mit Gewalt zu antworten, sowie die bewußte Umkehrung dieser Fehleinstellung in die Gesinnung und Gestaltung eines aktiven Verstehens des ehedem feindlichen Standpunktes ist die wirkliche entscheidende Wendung zum Frieden. Man erntet nicht Trauben von den Dornen oder Feigen von den Disteln (Mt 7,16). Ebenso wenig wird man Frieden als Ernteertrag von den Massenfriedhöfen der Weltgeschichte in die Scheuer eines zivilisatorischen Fortschritts einfahren können. Dieses Urteil der Vernunft in sittlicher Absicht stimmt völlig überein mit dem Anliegen Jesu, die Menschheit durch Güte von der Logik der Gewalt zu erlösen. Was die Moral fordert, ermöglicht die Religion. Und man sieht: Frieden ist nicht ein beliebiges Anliegen unter anderen Agenden politischer Planung; Frieden ist das Richtmaß unseres gesamten Verhaltens im Sinne unserer Wesensbeauftragung – oder als dessen Verfehlung. Einzig im Frieden werden und bleiben wir Menschen. Krieg hingegen ist der Verlust eines wahren Vertrauens auf Gott und dessen Ersetzung durch die Idolatrie von Kriegsgötzen der militärischen Propaganda; Krieg ist, ineins damit, der gewollte Verlust unserer Menschlichkeit und deren Ersatz durch die verlogene Rhetorik „humanitärer Einsätze".

Ginge es darum – wieviel an Leid wäre zu lindern mit den inzwischen 900 Milliarden Dollar des jährlichen Militärhaushaltes allein der USA, und wie viel an Leid wird erzeugt, weil man statt Menschlichkeit Macht sich zum Ziel setzt! Irgendwann widerlegen die Lügen sich selber.

Aber: Theologen sind listige Leute. Sie finden Anhaltspunkte genug für ihre Kriegstreiberei „in jenem ... so blutrünstigen und unerbittlichen Gesetz des *Moses*" (59) und tuen dann so, als hätten sie die Worte Jesu und *Pauli* nie vernommen. Statt dessen führen sie den „Gott der Heerscharen" (Jes 1,24) und den „Gott der Rache" (Ps 94,1) ins Feld (42) und übersehen oder verleugnen die radikale Veränderung, die Jesus bewirkt hat, indem er, nach dem Vorbild des *Jeremia*, das Gottesbild aus seiner Ambivalenz in Angst und Abhängigkeit herauslöste und in die Eindeutigkeit eines väterlich-gütigen Vertrauens umformte. Wenn also „die blutigen Gemetzel, von denen die Bücher der Hebräer voll sind," einen Sinn ergeben sollen, dann darf man sie, erklärt ERASMUS, „nicht auf die Zerfleischung von Menschen beziehen ..., sondern auf die Verjagung gottloser Leidenschaften aus der Brust" der Menschen (42), – symbolisch, nicht wörtlich muß man sie verstehen.

Dann aber leuchtet die innige Verknüpfung der Friedensbotschaft Jesu in seiner Gestalt und in seinen Worten nur um so heller hervor. Die Engel des Friedens (Lk 2,14) – „blasen sie etwa zum Angriff," fragt ERASMUS, „verheißen sie etwa Siege, Triumphe und Trophäen? ... Sie verkündigen den Frieden in Übereinstimmung mit den Weissagungen der Propheten ... jenen, die durch ihren guten Willen zur Eintracht geneigt sind." (44) So war es beim Eintritt Jesu in diese Welt. Und was hinterließ er seinen Jüngern bei seinem Abschied? „Etwa Pferde, etwa Leibwachen, etwa ein Reich, etwa Truppen?" (45) – heutigentags müßten wir sprechen von einem System weltraumgestützter atomarer Lenkwaffen, von vielfach vernetzten Geheimdiensten, von etwa 800 Militärstützpunkten allein der USA, von welchen aus jeder Punkt der Welt zu überwachen und nach Bedarf zu zerstören ist, von dem Anspruch globaler imperialer Machtausübung und von der Dauerpräsenz eigener Angriffs- und Gefechtsbereitschaft in Form von Waffenträgern zu Wasser, zu Lande und in der Luft ... Jesus hinterließ uns eben keine Welt, in der wir als die Gefangenen der eigenen Angst hinter den Stacheldrähten unserer Absperranlagen und Sicherheitszäune, gehorsam den militärischen Weisungen, unser Leben verhocken müßten, sondern er hinterließ uns einen Frieden, wie die Welt ihn nicht zu geben vermag, einen Frieden jenseits der Angst und der Furcht (Joh 14, 27). (45)

Die „Klage des Friedens" des Humanisten ERASMUS fügt demnach nicht nur Vernunft und Frömmigkeit, Menschlichkeit und Religion in ihrer ursprünglich von Christus selbst intendierten Wesenseinheit wieder zusammen; ihr kommt das singuläre Verdienst zu, an entscheidender Stelle: am Thema des Friedens, die Perversionen der christlichen Theologie in ihrer ganzen Ungeheuerlichkeit ebenso aufgezeigt zu haben wie deren schamlose ideologische Ausnutzung in den Händen der Herrschenden. Dieses Manifest des Friedens ist selber ein Jungbrunnen zur Erneuerung des Daseins, eine geistige Wiedergeburt, wie Jesus sie im Gespräch mit dem Pharisäer *Nikodemus* für notwendig zum Eintritt in das Reich Gottes erklärte (Joh 3,3. 5). Sie ist das bleibende Vermächtnis und Beispiel eines jesuanischen Pazifisten von prophetischer Sprachkraft im Dienste einer unbestechlichen Wahrheitsliebe und Menschlichkeit. Und sein Appell gilt: „Wenn wir die Türken an die Religion Christi heranführen wollen, seien wir zuerst selbst Christen!" (83-84)

———

Zum Verfasser: Dr. Eugen Drewermann, geboren 1940, Theologe, Psychoanalytiker und Schriftsteller mit internationaler Reichweite; einer der erfolgreichsten theologischen Autoren; Auszeichnungen für sein Friedensengagement u. a. mit dem Erich-Fromm-Preis, dem Albert-Schweitzer-Preis (2019) und dem Preis der internationalen Hermann-Hesse-Gesellschaft; er nimmt als Pazifist immer wieder Stellung zu aktuellen gesellschaftlichen Fragen, ohne sich den ‚Vorgaben' des öffentlichen Militarisierungskurses zu beugen. – Bücher der letzten Jahre u. a.: *Von Krieg zu Frieden. = Kapital und Christentum Band 3* (2017); *Richtet nicht! Strafrecht und Christentum* (drei Bände: 2020-2023); *Nur durch Frieden bewahren wir uns selber: Die Bergpredigt als Zeitenwende* (2023).

Bildnis des Erasmus von Rotterdam (Stich)
www.nationaalarchief.nl | commons.wikimedia.org

Erasmus von Rotterdams
Klage des Friedens
„Querela pacis" 1517

Unter Beigabe
einer geschichtlichen Einleitung
übersetzt von
D. Rudolf Liechtenhan,
Pfarrer und Privatdozent in Basel

Herrn Prof. D. G. J. Heering in Leiden
dem Friedenskämpfer
in Dankbarkeit und Freundschaft

Erstausgabe | Bern – Leipzig
1934

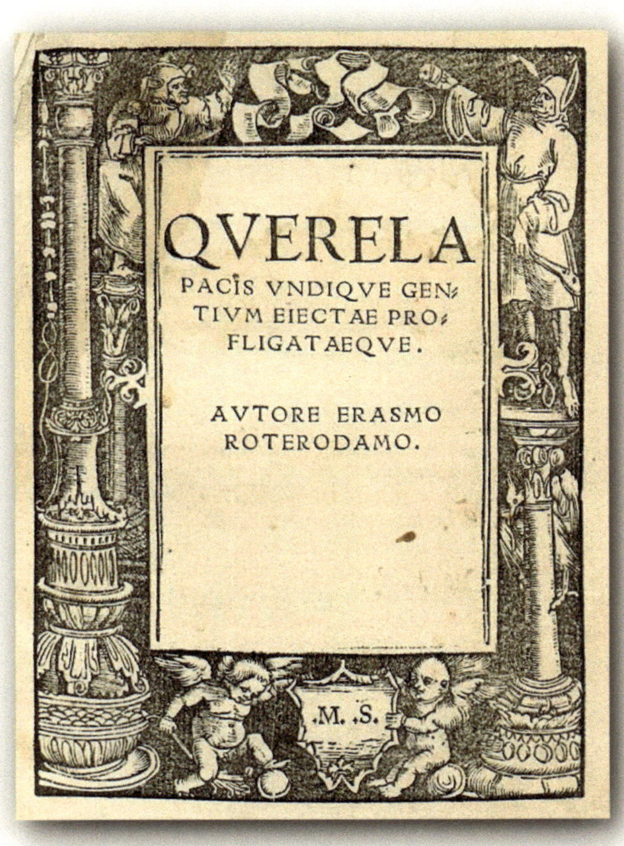

Desiderius Erasmus
Qverela Pacis Vndiqve Gentivm Eiectae Profligataeqve.
Druckausgabe: Straßburg um 1519

commons.wikimedia.org

Geschichtliche Einleitung

RUDOLF LIECHTENHAN[1]

Als im Jahre 1522 Zwingli seine „Göttliche Vermahnung" an die Eidgenossen von Schwyz richtete, „daß sie sich vor fremden Herren hüten und sich von ihnen freimachen", da redete aus diesem eindringlichen Appell wider Reislaufen und Pensionenwesen nicht nur der schweizerische Patriot, sondern ebensosehr der christliche Humanist und begeisterte Schüler des „Königs der Humanisten", des Erasmus von Rotterdam. Was Zwingli in seiner „Göttlichen Vermahnung" ausführt, geht nicht bloß gegen die Söldnerdienste für fremde Herren, sondern zum großen Teil gegen den Krieg überhaupt, und gerade diese Gedanken hat er von Erasmus übernommen. Denn dieser war nicht nur eine Leuchte der Gelehrsamkeit, sondern auch der entschlossenste grundsätzliche Kämpfer wider den Krieg, der beredteste Anwalt des Friedens, den es damals gab.

Das landläufige Bild, das in der Nachwelt von Erasmus lebt, sieht allerdings sehr viel anders aus. Da ist er der hilflose Stubengelehrte, dem seine Folianten das Wichtigste in der Welt sind, der ewig unentschieden zwischen ja und nein hin und her schwankt, der Ästhet, dessen Nase vor widrigen Gerüchen, dessen Ohr vor jedem Lärm beständig geschützt werden mußte, der bloße Federheld, der sich vor den aufregenden Kämpfen seiner Zeit in seine Studierstube zurückzog, der feige die kompromittierende Freundschaft des Brausekopfs Ulrich von Hutten von sich abschüttelte, der eiligst nach Freiburg floh, als die Basler Bürgerschaft – allerdings auf ziemlich gewaltsam revolutionärem Wege – die Reformation durchführte, der oberflächliche Aufklärer, der dem viel tieferen Anliegen der Reformation verständnislos gegenüberstand und, als er sich in den literarischen Streit mit Luther einließ, sich eine jämmerliche Niederlage holte.

---

[1] Textquelle von Einleitung & Übersetzung | ERASMUS VON ROTTERDAM / RUDOLF LIECHTENHAN (Übers.): Erasmus von Rotterdams Klage des Friedens. Unter Beigabe einer geschichtlichen Einleitung übersetzt von D. Rudolf Liechtenhan. Pfarrer und Privatdozent in Basel. Bern – Leipzig: Gotthelf-Verlag 1934. [63 Seiten].

Dieses Bild trägt alle Merkmale der Karikatur: vorhandene Züge sind so einseitig hervorgehoben und übertrieben, daß ein völlig verzerrtes Bild entsteht. Daß es der Wirklichkeit widerspricht, beweist schon die eine Tatsache, daß die Besten der Zeit lange von Erasmus das lösende Wort erwarteten, mit dem ein neuer geistiger Frühling anbrechen sollte. Worte voll enthusiastischer Verehrung schrieb Zwingli, nachdem er von Glarus aus Erasmus in Basel besucht hatte, Oekolampad, nachdem er Mitarbeit an der Herausgabe des griechischen Neuen Testamentes hatte leisten dürfen. Als nach dem Reichstag von Worms der auf der Wartburg verborgene Luther tot geglaubt wurde, schrieb Albrecht Dürer in sein Tagebuch: „O Erasme Roterodame, wo willt Du bleiben? Hör', Du Ritter Christi, reit' hervor neben den Herrn Christum, beschütz' die Wahrheit, erlang' der Märterer Kron'! Du bist doch sonst ein altes Männeken; ich hab' von Dir gehört, daß Du Dir selbst noch zwei Jahr zugeben hast, die Du noch taugest, etwas zu tun. Dieselben leg' wohl an, dem Evangelio und dem wahren christlichen Glauben zu gut! O Erasme, halt' Dich hie, daß sich Gott Dein rühme!" Ein Schwächling vermag nicht solche Hoffnungen zu erwecken. Erasmus war der Wortführer des heiligen Zornes über alles Unwahre, Äußerliche, Überlebte, Barbarische, Konventionelle, über alle geistige Unfreiheit, sittliche Verkümmerung und alles religiöse Scheinwesen.

Seine Losung ist die Rückkehr zu den Quellen, zum ursprünglichen Christentum, wie es uns im Neuen Testament begegnet; darum ist die Herausgabe des Urtextes des Neuen Testamentes einer der wesentlichsten Punkte seines Programmes, nicht nur eine Tat der Gelehrsamkeit, sondern der inneren Erneuerung, der Überwindung der ganzen Fehlentwicklung in Kirche und Gesellschaft. Hier fließt auch die Quelle seiner Friedensforderung, wir erkennen keinen Zusammenhang mit den pazifistischen Strömungen des Mittelalters, weder mit der mehr biblizistischen Opposition des Waldensertums, die sich dann mit dem einen Zweig der Hussitischen Bewegung berührt, noch mit den apokalyptischen Hoffnungen des Abtes Joachim von Floris auf ein neues, johanneisches Zeitalter des Friedens und der Liebe, die dann in der oppositionellen Strömung im Franziskanerorden ihre Bekenner gefunden haben. Des Erasmus Friedensforderung erwächst wesentlich aus dem Verlangen nach Wiederherstellung des ursprünglichen Christentums. Daneben sind ihm ein-

zelne antike Gedanken durch die Vermittlung von Augustin zuge-
flossen, da, wo er von dem Widerspruch des Krieges gegen Natur
und Menschlichkeit spricht. Aber im übrigen ist er gerade Augustin
gegenüber selbständig. Dessen Lehren vom Gottesstaat und irdischen Staat, die schon dem Mittelalter bei seinem Kriegswesen das
gute Gewissen gegeben hatten, bestimmen sowohl die Gedanken
des späteren Zwingli über göttliche und menschliche Gerechtigkeit,
als diejenigen Luthers über menschliche Obrigkeit, wie weit man ihr
Gehorsam schuldig sei und über Kriegsleute, ob sie in seligem Stand
sein können. Erasmus aber geht hier seine eigenen, von Augustin
abweichenden Wege.

Die Eigenart des Erasmus tritt vielleicht am klarsten hervor,
wenn wir sie in Gegensatz stellen zu dem Lebenswerk eines andern
Vertreters der Renaissance: Macchiavelli, dessen ,Principe' in den
selben Jahren geschrieben worden ist wie die pazifistischen Traktate
des Erasmus.[2] Dem florentinischen Staatsmann wie dem holländi-
schen Gelehrten leuchtet als Ideal ein verfeinertes, vertieftes, von allem kirchlichen Zwang befreites, vom Aberglauben gereinigtes
Menschentum; der kirchlich gebundene, in seiner Entfaltung ge-
hemmte Mensch ist ihnen eine traurige Jammergestalt. Aber von da
weg gehen sie in entgegengesetzter Richtung.

Macchiavelli ist zwar keineswegs, weder in der Theorie noch in
der Praxis, der Bösewicht größten Stils, für den er oft gehalten wird;
aber er ist der Vater der modernen Staatsvergötterung. Er hat einer
moralfreien Realpolitik, wie sie tatsächlich schon viel geübt worden
war, die grundsätzliche Rechtfertigung gegeben. Er ist Naturalist
und Heide; er geht einfach vom Gegebenen aus und fragt nach den
Naturgesetzen der tatsächlichen Erscheinung des Staates, der ihm
ein Gebilde von unabgeleitetem Eigenwert ist. Diesen Naturgesetzen haben alle Gesetze des Gewissens, alle Offenbarungen dessen,
was sein soll, zu weichen. Macht nach außen, Ordnung im Innern ist
oberster Zweck des Staatswesens. Der Principe, der Staatslenker – ob
er monarchisch oder republikanisch regiert, ist für Macchiavelli eine
Frage zweiter Ordnung –, hat dieses oberste Interesse des Staatswesens zu erkennen und unbedingt durchzusetzen; darin, daß er

---

[2] Der ,Principe' ist schon 1512 geschrieben, aber erst seit 1531 im Druck verbreitet
worden.

Willen und Fähigkeit dazu aufbringt, besteht seine virtù, seine Herrschertugend; die Bürgertugend besteht aber in der Einordnung in das Staatsinteresse, und da Religion und Moral dazu unentbehrlich sind, soll sie der Princepe zu seinem Zweck brauchen, auch wenn er selbst nicht an sie glaubt. Das heißt aber keineswegs, daß er das Gute nicht zu tun braucht; vielmehr soll er es tun, solange das Staatsinteresse nicht das Gegenteil fordert. Nur ist die Selbsterhaltung des Staates nicht immer mit moralischen Mitteln zu erreichen. Der Principe sieht sich oft in die necessità, die Zwangslage, versetzt, unmoralisch zu handeln. Er soll von der Kunst, böse zu sein, sich über Treue, Wahrheit, Menschlichkeit und Gerechtigkeit, die Gebote der Moral und Religion skrupellos hinwegzusetzen, nicht ohne Not Gebrauch machen, darf aber, wo die Not es erfordert, nicht davor zurückschrecken. Selbstverständlich gehört zu diesen unmoralischen Mitteln auch die Entfesselung des Krieges.

Der Principe aus der Schule Macchiavellis ist also nicht eine Figur, die aus persönlichem Ehrgeiz, Machtgier und Habsucht handelt und jenseits von Gut und Böse steht, sondern ein Mensch mit ausgesprochenem Verantwortungsgefühl, der an das Staatsinteresse unbedingt hingegeben ist und jedes Opfer, auch das des Gewissens, willig dafür bringt. Ist aber dieses Staatsinteresse so der oberste Zweck, der jedes Mittel heiligt, so gibt es auf dem Weg der Auflösung der heiligen Grundsätze von Recht und Unrecht keinen Halt und keine Grenze mehr; die Emanzipation des modernen Lebens nicht nur von den mittelalterlichen Autoritäten, sondern von allen ethischen und religiösen Bindungen überhaupt, ist hier in vollem Gange.[3]

Hier ist Erasmus völlig der Antipode Macchiavellis. Wohl ist er ein Meister schonungslosester Kritik; seinem scharfen Blick entgeht keine der Gestalten, die auf dem Theater des Lebens so gespreizt und aufgebläht, so anspruchsvoll und pathetisch einherschreiten und in irgendeiner Richtung mehr scheinen wollen als sie sind. Aber es gibt für ihn auch ewige Grenzen, wo die Ehrfurcht in ihr Recht tritt und wo er sich an ewig Gültiges gebunden weiß. Er ist der Bewunderer und Künder des freien Menschentums der Antike; aber letzte und höchste Autorität ist Christus und die Bibel. In ihr, wie

---

[3] Über *Machiavelli* siehe die klare Darstellung von MEINECKE, Die Idee der Staatsraison in der neueren Geschichte. München und Berlin 1924.

auch in den Kirchenvätern, ist er ebenso zu Hause wie in den Schriften der Alten. „Der Zettel im Gewebe seines Geistes ist christlich. Sein Klassizismus dient ihm nur als Form, und er wählt aus der Antike einzig jene Elemente, die in ethischer Beziehung mit seinem Christentum übereinstimmen." (HUIZINGA in seiner Biographie des Erasmus, S. 108.) Bezeichnend ist ein Brief, in dem er schreibt, daß er seine klassischen Studien nicht zu eitlem und kindlichem Vergnügen getrieben habe, sondern um den Tempel des Herrn, den etliche durch ihre Unwissenheit und Barbarei allzusehr entehrt haben, mit fremder Hilfe nach unsern Kräften zu schmücken, so daß auch edle Geister sich in Liebe zur Heiligen Schrift werden entflammen können. (HUIZINGA a.a.O. S. 56.)

Zu den Hindernissen, die durchbrochen werden müssen, damit die Bahn für die Entfaltung dieser christlichen Menschlichkeit frei wird, gehört neben der Barbarei und Unbildung, neben der kirchlichen Entstellung der wahren Religion ins Äußerliche, Unwahre und Abergläubische vor allem der Krieg.

Wir vermerken nur die wichtigsten Daten im Leben des Erasmus. Er ist 1466 in Holland geboren; auf der Schule zu Deventer zuerst in die humanistische Bildung eingeführt, tritt er in das Kloster Steyn bei Gouda in Südholland ein. Er fügt sich schwer in das Klosterleben; es ist für ihn eine Befreiung, als ihn der Bischof von Cambrai in seine Umgebung zieht und es ihm ermöglicht, in Paris seine gelehrten Studien fortzusetzen. 1499 siedelt er nach England über und gewinnt dort die Freundschaft der Humanisten Thomas Morus und John Colet; von 1506 an folgt ein mehrjähriger Aufenthalt in Italien, nach der Rückkehr hält er sich teils in England, teils in Holland (vornehmlich in Loewen), zuletzt in Basel, als dem Hauptsitz des Buchdrucks, auf; 1529 vertreibt ihn von da die Durchführung der Reformation; er wendet sich nach Freiburg i. Br.; sein letztes Lebensjahr verbringt er wieder in Basel und stirbt dort 1526 als Siebzigjähriger. Seine Schriftstellerei gilt teils der Wiederbelebung der Kenntnis des klassischen Altertums und der Kirchenväter, teils dem Verständnis des Neuen Testamentes und der Urkunden des ursprünglichen Christentums, teils der Kritik an der geistlichen und weltlichen Kultur seines Zeitalters, teils besteht sie aus einer umfangreichen Korrespondenz. Sie ist ausschließlich lateinisch; aber das Latein ist für ihn nicht tote Gelehrtensprache; es fließt mühelos, mit der Frische und Unmittelbarkeit einer lebendigen Sprache, aus seiner Feder. Erasmus hat seine Gedanken nicht in die lateinische Sprache übersetzt; er muß lateinisch gedacht haben. Darum ist auch sein Einfluß durch keine Sprachgrenzen gehemmt. Er ist überall verstanden worden, und das Latein, wie er es sprach und schrieb, war die geistige Grundlage einer einheitlichen europäischen Geisteskultur und schuf ein Gemeingefühl, ein verbindendes Menschheitsbewußtsein, das noch nicht durch „völkisches" Denken und Empfinden in künstlich gesteigerte Gegensätzlichkeiten auseinandergerissen war. Es war etwas vorhanden, was heute mühsam zurückgewonnen werden muß. Wir werden deshalb wohl verstehen, daß dem Erasmus der Krieg als der große Feind erscheinen mußte, dessen Bekämpfung das Ziel eines wichtigen Teils seiner Schriftstellerei gewesen ist.

Die ganze geistige Entwicklung des Erasmus fiel in jene von beständigen Kriegen erfüllte Periode, wo die Habsburger und die Könige von Frankreich sich um das Erbe Karls des Kühnen und um die Macht in Italien stritten. Es ging um die dynastischen Interessen der verschiedenen Herrscherfamilien, und jedes Mittel zum Zweck schien erlaubt; Politik war zu einem großen Schachergeschäft geworden, bei dem die Gewalthaber mit ihren Völkern, ihrem Wohl und Wehe, wie mit einer Ware umsprangen. Heiratsgeschichten waren immer wieder der Mittelpunkt, um den sich dieses ganze Schachspiel drehte; sie waren Kriegsursachen, und die Untertanen mußten dafür bluten. Der Wahnsinn und die Unmenschlichkeit dieses Treibens hat sich dem Gemüt des Erasmus tief eingegraben.

Schon im Jahre 1501 hatte er beim Aufenthalt auf einem niederländischen Schlosse einen rauhbeinigen, namentlich gegen seine Frau brutalen Kriegsmann kennengelernt. Die unglückliche Gattin richtete an Erasmus die Bitte, er möchte durch eine Schrift den Mann mehr Anstand lehren. Dieses Ansuchen war der Anstoß zur Abfassung seines *Enchiridion militis christiani*', was ebensowohl „Handbüchlein" als „Dolch des christlichen Soldaten" heißen kann. Aber aus der ursprünglich geplanten Anleitung, wie ein Soldat sich zu benehmen habe, wird ein Unterricht in dem, was die alte Kirche militia Christi, Kriegsdienst in der Nachfolge Christi, genannt hat, d. h. eine Darstellung des wahren christlichen Lebens überhaupt, des Kampfes wider alle Laster und der Übung in allen Tugenden. Wenn

er bei der Übersendung des Büchleins an seinen Freund John Colet
schreibt, er habe hier eine Art Kunst der Frömmigkeit zu geben versucht, wie andere den Lehrgang bestimmter Wissenschaften geschrieben haben, so offenbart sich hier eine Schranke des Erasmus;
so spricht der Aufklärer, der die Welt durch Belehrung bessern zu
können sich einbildet.

Schon im Handbüchlein ist einmal das Thema von der Armselig-
keit und Torheit des weltlichen Kriegsdienstes angeschlagen, und es
fällt dabei auf, wie ohne weiteres vorausgesetzt wird, daß der Weg
des Soldaten direkt zur Hölle führe, vielleicht ist da etwas rhetori-
sche Effekthascherei dabei; aber es ist auch ein Gedanke angeschlagen, der bald zur mit Pathos verkündigten Überzeugung wird.

1506 konnte Erasmus nach Italien reisen, und dort war er Zeuge
des triumphierenden Einzugs Julius II., des kriegerischen Renais-
sancepapstes, in Bologna. Das glänzende Schauspiel, das die Triumphzüge der alten römischen Kaiser in den Schatten stellen sollte,
fand in dem aufs Innerliche gerichteten Humanisten keinen Bewunderer, sondern erregte in ihm schwerstes Ärgernis. Der Julius auf
dem Stuhle Petri, der die Rolle des heidnischen Julius Caesar spielte,
erschien ihm als Skandal. Als ihn bald hernach ein Kardinal beauf-
tragte, eine Schrift zugunsten des Zuges Julius II. gegen Venedig zu
schreiben, schrieb er im Gegenteil zwei Schriften gegen den Krieg;
die eine, ‚*Antipolemos*‘ betitelt, sucht dem Papst von diesem Krieg
abzuraten; die andere handelt von den Bedingungen, die allein den
Krieg rechtfertigen können. Dem Groll aber, der seit jenem Einzug
des Papstes in Bologna in seinem Herzen mottete, konnte er erst
1513, nach Julius’ Tode, in der beißenden Satire ‚*Julius exclusus*‘, Julius an der verschlossenen Himmelstür, Luft machen.

Wir müssen allerdings urteilen, daß hier mit Waffen gekämpft
wird, die sich mit einer Friedensschrift nicht reimen. Es ist nicht
mehr überlegener Humor, nicht lachender Witz, sondern giftiger
Spott über den seiner wahren Würde so ganz und gar vergessenen
Nachfolger Petri. Die persönliche Animosität überwiegt völlig die
sachliche Gegnerschaft. Da werden alle Schwächen und Verirrun-
gen, alle mehr zufälligen persönlichen Verfehlungen ans Licht ge-
zerrt und dem Spott der Leser preisgegeben. Kurz, es ist ein Pamph-
let, das die Grenzen einer anständigen Kampfesweise an mehr als
einer Stelle überschreitet; und das bedauerlichste ist, daß es sich

hinter der Maske der Anonymität verbirgt, die Erasmus auch seinen Freunden gegenüber sorgsam gehütet hat.

Wenn sich auch die Polemik des ‚*Julius exclusus*‘ in erster Linie gegen die politisch-militärische Verweltlichung des Papsttums richtet, so bricht doch die moralische Ächtung des Krieges überhaupt hier schon durch. Ihr hat er sich, nachdem das persönliche gewissermaßen abreagiert war, in einer Reihe von Schriften zugewandt. Jetzt hat er auch die Anonymität fallen lassen, und seine Waffe ist nun nicht mehr der Spott, sondern ein hinreißendes sittliches Pathos.

Schon in seiner großen Satire auf seine Zeit, dem ‚*Lob der Torheit*‘[4], die er auf der Rückreise aus Italien konzipiert hatte und dann bei seinem Freund Thomas Morus niederschrieb, fehlt der Hinweis auf den Wahnsinn des Krieges nicht. Im Kriege kann man die Weisen nicht brauchen, heißt es da, sondern bloß stramme, stämmige Kerle, möglichst frech und möglichst dumm. Und einmal, wo ihn wieder das Thema von der kriegerischen Politik der Päpste beschäftigt, heißt es: „Nun ist der Krieg eine so fürchterliche Rohheit, daß er den Bestien, aber nicht den Menschen ansteht; ist ein so toller Wahnsinn, daß auch die Dichter ihn von den Furien gesandt sein lassen; ist eine so verheerende Pest, daß er alles, was das sittliche Leben verseucht, auf die Menschheit mit einmal losläßt; ist eine so brutale Gewalttat, daß die schlimmsten Räuber ihn gewöhnlich am besten führen; ist ein so widergöttliches Tun, daß er mit Christus nicht das geringste zu schaffen hat – und doch vergessen die Päpste darob alles und gehen auf in ihren Kriegen". (Übersetzung von Dr. A. HARTMANN, Basel 1929, S. 118.)

Etwa gleichzeitig mit dem ‚*Julius exclusus*‘ schrieb Erasmus einen Brief an seinen Beschützer Antonius von Bergen, Abt zu St. Bertin, einen an Fürstenhöfen einflußreichen Mann. Er beschreibt hier die Schäden des Krieges, die er auf seinen Reisen zu sehen reichliche Gelegenheit gefunden hatte. Später hat er den Brief zu einer Abhandlung über das lateinische Sprichwort ‚*Dulce bellum inexpertis*‘ (Dem Krieg bringt Preis, wer nichts von ihm weiß) erweitert und der Sammlung seiner ‚*Adagia*‘, der Erklärung antiker Sprichwörter einverleibt.[5] Zum Teil hat er hier dieselben Gedanken ausgeführt wie

---

[4] Leidener Ausgabe Bd. IV S. 405 ff.
[5] Leidener Ausgabe Bd. II S. 951.

in der *Klage des Friedens*, wir haben in den Anmerkungen Parallelen
aus dieser Schrift, die den Gedanken weiter ausführen, beigegeben.

Inzwischen hat Erasmus selbst auch Fühlung mit regierenden
Persönlichkeiten gewonnen. Schon hatte er von den Ständen von
Brabant den Auftrag erhalten, auf Kaiser Maximilians Sohn Philipp,
den Herrn der Niederlande und durch Heirat Erben der spanischen
Krone, eine Lobrede zu halten.[6] Es handelte sich darum, den Fürsten
für die Politik des Friedens und der Franzosenfreundschaft zu gewinnen, die von den Niederländern verfolgt wurde, und dazu ist
der Empfang bei seiner Rückkehr aus Spanien die erwünschte Gelegenheit. Die Lobrede ist in einem schmeichlerischen Stil gehalten,
der sie für unsern Geschmack ungenießbar macht. Aber dahinter ist
doch die Absicht verborgen, die Wünsche und Anliegen der Untertanen dem Herrscher zu Gehör zu bringen, und das wird recht offen
getan. Die Ausführungen darüber, daß der Kriegsruhm für einen
Fürsten nicht das Höchste sei, sondern der Ruhm, seinen Untertanen die Segnungen des Friedens verschafft und erhalten zu haben,
klingen uns wie etwas triviale Deklamationen. Aber wenn wir sie in
jene von Kriegslärm erfüllte Zeit hineinstellen, verlieren sie ihre
Selbstverständlichkeit; und wenn wir die ganz konkrete Absicht bedenken, den Fürsten gegen kriegerische Tendenzen in allernächster
Nähe widerstandsfähig zu machen, so erhalten sie ein anderes Gesicht. Erasmus begnügt sich aber schon hier nicht damit, die gegenwärtigen politischen Chancen von Krieg und Frieden abzuwägen,
sondern er schreitet zu den grundsätzlichen ethischen und religiösen Motiven weiter, die er in der Folge so eindringlich zur Geltung
gebracht hat. Er spricht es schon hier aus, daß es für einen frommen
Fürsten viel geratener sei, einen ungerechten Frieden anzunehmen,
als den allergerechtesten Krieg selbst zu entfesseln. Er vergleicht
den, welcher sich in einen Krieg einläßt, mit dem, welcher mit einem
goldenen Angelhaken fischt; wenn er diesen verliert, so vermag
auch der beste Fang den Verlust nicht auszugleichen.[7] Und er
schreibt: „Ich halte es für die höchste Bewährung hochgemuten Sinnes, Kriege nicht zu fürchten, wenn sie unvermeidlich sind, sie nicht
heraufzubeschwören, wo man sie vermeiden kann, zu ihrer Abwehr

---

⁶ Leidener Ausgabe Bd. IV S. 507 ff.
⁷ IV 537 F

immer bereit und gerüstet, zu ihrer Erklärung nie aufgelegt zu sein".[8]

Der Lobrede auf König Philipp folgt nun nach dessen frühem Tode ein ausführlicher Fürstenspiegel unter dem Titel: ,*Institutio principis Christiani*', wo diese Gedanken in einem größeren systematischen Zusammenhang aufgenommen und dem jugendlichen Thronerben, dem nachmaligen Kaiser Karl V., ans Herz gelegt werden. (Leidener Ausgabe, Bd. IV, S. 561 ff.) Dieser *„Unterricht für den christlichen Fürsten"* ist das Gegenstück zu Macchiavellis ,*Principe*'. Er ist allerdings nicht das Werk eines politischen Genies, sondern eines Schulmeisters, und manches mutet uns heute recht moralistisch und banal an. Aber seine Bedeutung liegt darin, daß er dem Fürstenideal des kriegerischen Helden, der seine Hausmacht zu mehren bestrebt ist, dasjenige des verantwortungsvollen Landesherrn gegenüberstellt. Daß der Fürst seine Größe nicht in erster Linie im Krieg, sondern im Frieden zu bewähren hat, mußte wieder mit allem Nachdruck gesagt werden, und so sehen wir den Kampf gegen ein verhängnisvolles Vorurteil aufgenommen. Dieser Fürstenspiegel ist durchaus keine Fundgrube für Einsichten auf dem Gebiet der politischen Technik; in dieser Beziehung steht Erasmus neben Macchiavelli wie ein naives Kind. Aber die Schrift ist das Dokument des mutigen Willens, einer alle Schranken verachtenden Realpolitik die ewigen Grundsätze der Gerechtigkeit wieder in Erinnerung zu rufen und seinen Zeitgenossen zum Bewußtsein zu bringen, daß das ethisch Verwerfliche auch das politisch Unrichtige ist. Und es war nicht ein Beliebiger, der das alles sagte. Erasmus war damals schon eine Autorität, die dem Gesagten großes Gewicht zu verleihen vermochte. Die Schrift hat ihren Wert und ihre Bedeutung in der Gesinnung, die sich darin Ausdruck verschafft, und sie ist gerichtet an den Erben des Reiches, in dem die Sonne nie unterging.

Mit Nachdruck wird dem Fürsten gesagt, daß einzig christliche Gesinnung ihn zu seiner Aufgabe tüchtig machen könne. ,*Institutio principis c h r i s t i a n i*', die Bildung des *christlichen* Fürsten, lautet der Titel. Beständig soll er es seinem Bewußtsein gegenwärtig halten: „ich bin ein Christ und ein Fürst; Pflicht eines Christen ist es, alles Gemeine zu verabscheuen, eines Fürsten, an Unbescholtenheit

---

[8] IV 538 C

30

und Klugheit alle zu übertreffen".[9] Der Tyrann, der das Seine sucht, und der wahre König, dem das Wohl der Untertanen höchstes Anliegen ist, werden zueinander in Kontrast gestellt. „Der Tyrann trachtet danach, gefürchtet, der König, geliebt zu werden. Dem Tyrannen ist nichts so verdächtig, als Eintracht zwischen den guten Bürgern und zwischen den Staaten, an der ein guter Fürst seine größte Freude hat."[10] Wie im Innern, so ist auch nach außen die Wahrung des Friedens oberstes Ziel des wirklichen Königs. „Es kommt die Welt recht teuer zu stehen, wenn die Fürsten erst durch die Erfahrung lernen wollen, was für eine scheußliche Sache der Krieg ist, und wenn einem erst als Greis die Erkenntnis aufgeht: ich hätte nicht geglaubt, daß der Krieg eine solche Pestilenz sei. Beim unsterblichen Gott, was für unzählbares Elend der ganzen Welt war nötig, bis du diese Einsicht gelernt hast!"[11] Auch die Frage nach dem gerechten Krieg wird aufgeworfen, und Erasmus äußert sich dahin, daß, falls es einen solchen geben könne, doch beim gegenwärtigen Stand der Dinge daran zu zweifeln sei, ob er gefunden werden könne, d. h. ein Krieg, dessen Urheber nicht Ehrgeiz, Zorn, Wildheit, sinnliche Begierde oder Geiz ist.[12] Erasmus schließt mit dem eindringlichen Appell: „Dazu möchte ich die Fürsten, die sich Christen nennen, ermahnen, daß sie alle Scheingründe und falschen Vorwände fahren lassen und mit Ernst und ganzer Hingebung darauf hinwirken, dieser ständigen schmählichen Kriegsleidenschaft ein Ende zu bereiten und zwischen ihnen, die durch so manche Pfänder verbunden sind, Frieden und Eintracht walten zu lassen … Wenn einer sich darin bewährt, hat er viel Glänzenderes geleistet, als wenn er ganz Afrika erobert hätte. Das ist gar nicht so schwer, wenn jeder seiner eigenen Sache zu schmeicheln aufhört, wenn wir unsere privaten Gefühle bei Seite setzen, die Sache der allgemeinen Wohlfahrt an die Hand nehmen, wenn nicht die Welt, sondern Christus bei uns im Rate sitzt. Aber solange jeder nur sein eigenes Geschäft betreibt, solange Päpste und Bischöfe nur um ihre Gebiete und Hilfsmittel Angst haben, solange Fürsten, von Ehrgeiz und Zorn getrieben, kopflos drauflosstürmen und alle ihnen um ihres Profites willen

---

[9] IV 567 D
[10] IV 572 B
[11] IV 607 F
[12] IV 609 F

nachlaufen, ist es auch kein Wunder, wenn wir, von der Dummheit geleitet, in einen solchen allgemeinen Sturm hineingeraten. Würden wir in gemeinsamem Rat das gemeinsame Wohl suchen, so würde es auch um unsere privaten Angelegenheiten besser stehen. So aber geht auch das zugrunde, wofür wir uns gegenseitig zerfleischen".[13]

Hat Erasmus in der ,*Institutio*' das Idealbild des christlichen Herrschers entworfen und dem künftigen Beherrscher eines Weltreiches vor Augen und Gewissen gemalt, so schildert er nun mit dem ganzen sarkastischen Witz, über den er so meisterhaft verfügt, den Fürsten, wie er in Wirklichkeit dem kritischen Blick sich meistens darstellt. Er verwendet dazu das lateinische Sprichwort ,*Scarabaeus aquilam quaerit*', „der Käfer stellt dem Adler nach". Es handelt sich um eine antike Tierfabel, nach welcher der Käfer dem Adler unerbittliche Rache geschworen hat und ihm nun auf alle erdenkliche Weise Unheil zuzufügen versteht; es ist das Thema: dem Wurme ward ein Stachel selbst gegeben. Erasmus benutzt nun die Erklärung dieses Sprichwortes (*Adagia*, Leidener Ausgabe Band II, S. 869 ff.), um die Frage aufzuwerfen, was denn die Dichter bewog, gerade den Adler als König der Vögel zu bezeichnen. Es kann seinen Grund nur darin haben, daß die Raubtiernatur des Adlers am ehesten den Gepflogenheiten der meisten Könige entspricht. Nur die Philosophen in ihren Staatslehren schildern den König, dessen höchstes Lob die Milde ist, während die Annalen der Geschichte, besonders der neuesten, von solchen berichten, deren Wesen im Adler sein Abbild findet. Zuerst zählt Erasmus die Ähnlichkeiten zwischen Königen und Adlern auf, dann die Unähnlichkeiten, bei denen die Vergleichung zu ungunsten der Könige ausfällt. Die Adler grenzen sich ein Raubgebiet ab, auf dem sie keine Nebenbuhler dulden, die Könige suchen es bis ins Unendliche auszudehnen. Die Adler holen sich ihre Beute weit her, während die Könige mit ihrer Ausbeutung auch ihre nächste Umgebung nicht verschonen. Der Adler hat zwei Augen, die weithin zu spähen vermögen, einen gebogenen Schnabel, ein paar Klauen und einen Bauch; die Könige aber, was für eine Schar von Spitzeln und Spionen dienen ihnen als Augen, wie viele Beamte als Krallen, wie viele Statthalter als Schnabel, wie viele Richter und Advokaten mit ihrem unersättlichen Hunger als Bauch! In diesem

---

[13] IV 610 F

Zusammenhang macht sich Erasmus zum Anwalt der Demokratie, die den Despotismus der Fürsten zu bändigen und dem Willen des Volkes das Übergewicht über ihre Launen zu verschaffen habe. Wie die Adler die Kraniche um ihrer demokratischen Allüren willen hassen, so auch hassen die Monarchen die Demokraten; wie die Adler die Sperber, so hassen die Monarchen die, welche mitten in der Finsternis klar sehen. Man hat den Eindruck, Erasmus müsse sich selbst für den Ton höfischer Unterwürfigkeit, den er in der ‚Institutio‘ notgedrungen angeschlagen hatte, eine Kompensation schaffen und seinem kritischen Bedürfnis Luft machen. Aber selbstverständlich steht hinter seinem Sarkasmus auch hier der tiefe Ernst seiner Staatsauffassung, und wenn er erzählt, wie vernichtend der Käfer dem Adler zu schaden vermochte, so liegt darin die unausgesprochene Warnung, daß die gewalttätige Willkür der Tyrannen ihre Schranken hat.

Schon in der Huldigung an Herzog Philipp und in der ‚Institutio‘ hatte Erasmus es unternommen, den Geist des christlichen Humanismus in die politischen Entscheidungen der Großen dieser Erde hineinzutragen. In seiner niederländischen Heimat waren es vor allem zwei einflußreiche Männer, die diesen Einfluß zu verstärken wünschten: Der Kanzler Jean le Sauvage (Johannes Sylvagius), Seigneur de Schaubecke, und Wilhelm von Chièvres, der Erzieher des jugendlichen Herrschers. Sie erkannten in einer friedlichen Politik, die sich vor allem mit Frankreich freundschaftlich stellte, das wahre Interesse ihrer niederländischen Heimat und wußten auch den jungen König, der damals mündig erklärt wurde, dafür zu gewinnen. Sie zogen Erasmus an den Hof und veranlaßten ihn, die Wirkung, die er durch die ‚Institutio‘ auf den jungen Herrscher ausgeübt hatte, durch eine neue Schrift zu verstärken. Es ist die Zeit der Vorbereitung der Liga von Cambrai, welche diese Friedenspolitik für alle Zeit sichern sollte. Dieser Vorbereitung sollte neben den diplomatischen Verhandlungen auch eine neue Schrift des Erasmus dienen, die grundsätzlich die Sache des Friedens den Geistern einprägen, alle religiösen und sittlichen Kräfte mobilisieren sollte. Die Politik der Liga von Cambrai hatte heftige Gegner in dem alten Kaiser Maximilian und in Kardinal Matthäus Schinner, der alles tat, um Kaiser Max und König Heinrich VIII. von England dagegen einzunehmen und auch am Hofe Karls den französenfreundlichen Räten entgegenzuarbeiten. Das ist der politische Hintergrund dieser neuen Friedensschrift, der ‚Querela pacis‘, der „Klage des bei allen Völkern verworfenen und vertriebenen Friedens". Publiziert wurde sie erst 1517, nach Abschluß der Verhandlungen von Cambrai; aber von den maßgebenden Persönlichkeiten war sie schon vorher gelesen worden.

Erasmus selbst schreibt 1523 in einem Rückblick auf seine Schriftstellerei: „Die Klage des Friedens schrieben wir vor sieben Jahren, als wir eben zum erstenmal an den Hof gerufen waren. Mit großem Eifer arbeitete man darauf hin, daß in Cambrai eine Konferenz der mächtigsten Fürsten des Erdkreises abgehalten würde: des Kaisers, der Könige von Frankreich und von England und unseres Karl, und daß dort ein Friede zwischen ihnen sozusagen durch diamantene Bande gefestigt würde … Diesem Plan arbeiteten einige entgegen, deren Interessen die Ruhe entgegensteht und denen, nach dem Ausspruch des Philoxenus, ein Friede, der kein Friede ist, und ein Krieg, der kein Krieg ist, am besten gefiel … Ich schrieb das Buch auf Befehl des Fürsten (Karl), als einige Fürsten den Frieden zu verhindern trachteten."

Erasmus hat tatsächlich damals geglaubt, daß die Stunde für den Anbruch eines dauernden Friedens geschlagen habe. In seinen Briefen aus jener Zeit spricht sich eine triumphierende Hoffnung aus. Es war seine Schranke, daß er seine Zuversicht auf menschlichen guten Willen, auf die aufgeklärte Gesinnung der damaligen weltlichen und geistlichen Fürsten, der Humanisten auf dem Throne setzte. Man kann nicht sagen, daß er das Dämonische, das hinter der Welt des Krieges steht, nicht gesehen habe. Er hat es in aller Schärfe gesehen, und mit schonungsloser Beredsamkeit aufgedeckt. Die Illusion, von der Luther in seinen Schriften zur Kriegsfrage ausgeht, daß der Krieg die Aufgabe habe, die Bösen zu strafen und die Guten zu schützen, hat er klar durchschaut; in diesem Punkte vertritt er den nüchternen Realismus, Luther die wirklichkeitsfremde Theorie. Aber anderseits zollte er der Illusion aller Aufklärer seinen Tribut: daß man durch Belehrung und Aufklärung, durch den Appell an die Vernunft die Menschen umwandeln und die Welt bessern könne. Er hofft auf ein Reich der Vernunft, das sich in schönem Fortschritt verwirkliche. Es mangelt ihm die religiöse Kraft einer lebendigen Hoffnung auf G o t t e s Reich. Wo diese Hoffnung durchgebrochen ist, da ist auch die ganze hinreißende Beredsamkeit des Friedenskämpfers Erasmus, sein ganzes Aufgebot der Argumente aus Natur und Geschichte, aus Vernunft und Gewissen, aus Bibel und Glauben eine wirksame Waffe, und darum scheint es uns nicht bloß historisch interessant, sondern wirklich zeitgemäß, seine *„Klage des Friedens"* unserm heutigen Geschlecht wieder zugänglich zu machen. Und gerade das tragische Schicksal des Pazifisten Erasmus soll ein Antrieb sein, über einen bloßen aufklärerischen oder sentimentalen Pazifismus hinauszukommen und die letzten Quellen der Kraft zu suchen.

Während Erasmus über Julius II. nicht vernichtend genug absprechen konnte, kann er vom Vorwurf der Liebedienerei gegenüber seinem Nachfolger Leo X. nicht freigesprochen werden. Wie schon in ‚*Dulce bellum iuexpertis*‘, so finden sich solche Schmeicheleien auch am Schlusse unserer Schrift. Im gleichen Sinn schreibt er auch am 1. Februar 1516 in einem Brief an Leo: „Schon sehe ich allenthalben Männer von hervorragenden Qualitäten, die gleichsam als große und reiche Könige unserm Salomo zum Tempelbau Marmor, Elfenbein, Gold und Edelsteine herbeischaffen, während gewöhnliche Menschen – Erasmus meint hier offenbar sich selbst – nur geringes Material beibringen. Aber ist der Dienst auch höchst unscheinbar, so ist's doch ein solcher, durch den dem Tempel Christi zwar kein hoher Glanz, aber doch ein nicht zu verachtender Nutzen verschafft wird." (Briefe des Erasmus, herausgegeben von P. G. ALLEN, Bd. II, S. 384.)

Am 21. Februar 1517 schreibt Erasmus an Franz I. von Frankreich: „Du hast dich mit ganzer Kraft dafür eingesetzt, daß die Kriegswirren bleibend beigelegt würden und die hauptsächlichsten Fürsten der Christenheit sich durch einen ewigen Frieden zu einem solidarischen Verbande vereinigten ... Wenn Friede und Freundschaft ihren Sinn und ihre politischen Kräfte aufrichtig verbunden haben, dann wird es bald geschehen, daß wie in einem goldenen Zeitalter mit Frömmigkeit und allerbester Gesetzgebung auch die schönen Künste zur Blüte gelangen, die immer den Frieden zu begleiten und zu fördern pflegen ... Dahin steht meine Hoffnung, daß der, welcher diese neue Glückseligkeit der christlichen Welt zu bescheren begonnen hat, und zwar hauptsächlich durch Euch, dieses sein Geschenk dank Eurer Frömmigkeit und Charakterfestigkeit so rein und dauernd als möglich sein lasse." (ALLEN, Bd. II, S. 533.)

So hat Erasmus nicht nur in Briefen an die Majestäten geschrieben, wo man diese hohen Töne als bloße Schmeichelei auslegen könnte. Auch in einem gleichzeitigen Privatbrief an den Reformator Capito, damals noch in Basel, schreibt er dasselbe: „Da ich sehe, daß die höchsten Fürsten des Erdkreises, König Franz von Frankreich, der katholische König Karl (von Spanien), König Heinrich von England und Kaiser Max die Treibbeete des Krieges von Grund aus vernichtet und den Frieden durch feste, wie ich hoffe, diamantene Bande gesichert haben – was Wunder, wenn ich da zu der sichern Hoffnung aufgerufen werde, daß nicht allein sittliches Leben und christliche Frömmigkeit, sondern auch gereinigte, echte Wissenschaft und die schönste Bildung teils wieder aufleben, teils erst neu ihren Glanz empfangen." (ALLEN, Bd. II, S.541.) Es ist für den Humanisten Erasmus bezeichnend, wie in diesen Zukunftsträumen Religion und Sittlichkeit, Wissenschaft und Bildung in einem Atemzug und als gleichwertig genannt, zu einem untrennbar einheitlichen Ideal zusammengeschmolzen werden. Wenn es jemals ein goldenes Zeitalter gegeben hat, so wird nach Erasmus die heraufziehende Friedenszeit ein solches sein. „O ewiger Gott, was für ein Jahrhundert sehe ich heraufziehen!" ruft er wie in Verzückung aus. (ALLEN, Bd. II, S. 534.)

Vielleicht hat Erasmus darin gar nicht Unrecht, daß damals eine große weltgeschichtliche Stunde war, da eine herrliche Gelegenheit der Menschheit dargeboten wurde, und man darf ihm nicht vorwerfen, daß er nicht alles getan habe, dem Pochen dieser Stunde an die Tore der Geschichte Gehör zu verschaffen. Es war umsonst. Als 1519 Kaiser Max die Augen schloß, waren die Träume vom europäischen Frieden ausgeträumt und Kriegslärm hielt die Welt in Atem. Kaiser Karl und König Franz zogen wider einander zu Felde, und zehn Jahre nachdem Erasmus dem Frieden seine bewegte Klage in den Mund gelegt hatte, mußte er hören, wie die deutschen Landsknechte die ewige Stadt verwüsteten.

Neben den Stürmen der Reformation, die den König der Humanisten vom Schauplatz abseits schoben, waren es sicher auch diese grausamen Enttäuschungen, die ihn zum grämlichen alten Herrn werden ließen, für den der Tod – nicht ganz 20 Jahre, nachdem er unsere Schrift geschrieben – eine Erlösung war. Sollen wir ihn einfach als einen von der Geschichte erledigten lächerlichen Träumer beurteilen? Hat er einerseits seine Zeit, als sie Luther zujubelte, nicht mehr verstanden, so ist er ihr dafür gerade in der Friedensfrage so weit vorausgeeilt, daß sie ihn nicht zu verstehen vermochte. Und sind ihm hier auch die sichtbaren Erfolge versagt geblieben, so ist es doch nie umsonst, wenn ein Mensch mit ganzer Kraft Großes gewollt hat. Es ist sicher kein Zufall, daß manche Partien der *Klage des Friedens* – neben solchen, die das Gepräge ihrer Zeit tragen – ganz so klingen, als ob sie aus der Not unserer Gegenwart heraus und für unser Geschlecht geschrieben wären. Er gehört zu den Geistern, die auch spätern Geschlechtern noch etwas zu sagen haben. Das Bild, das wir meist von Erasmus in uns tragen, ist dasjenige, das der Pinsel Holbeins festgehalten hat: das des unheimlich gescheiten Gelehrten, der das Treiben um sich unbestechlich durchschaut und alle Illusionen längst hinter sich gelassen hat. Aber wer seine *Klage des Friedens* anhört, wird urteilen, daß das nicht der ganze Erasmus war und wird auch etwas davon ahnen, warum dieser Mann der Abgott der Jugend war. Will sich auch die heutige Jugend noch etwas von ihm sagen lassen?

Mitten in den Wirren des Dreißigjährigen Krieges hat Magister Samuel Grynaeus, Pfarrer zu St. Leonhard in Basel, die ‚*Querela pacis*‘ in deutscher Übersetzung herausgegeben unter dem Titel: „Klag des an allen Orten und enden vertribenen und ausgejagten Friedens, von Herrn Desiderio Erasmo Roterodamo mehr dann vor hundert Jahren in Latinischer Sprach beschrieben; Nun aber von einem Liebhaber des Friedens in die Teutsche versetzt: Bey disen jetzigen trübseligen Zeiten sehr nützlich und nohtwendig zu lesen. Gedruckt zu Basel, In Verlegung Johann Jakob Geneths, Anno 1634.“ Wir hoffen, daß auch jetzt, gerade dreihundert Jahre später, in einer für „Liebhaber des Friedens“ wieder höchst trübseligen Zeit, die Schrift des Erasmus als „nützlich und notwendig zu lesen“ erfunden werde und vielen einen Dienst leiste.

Der Text, sowohl des Erstdruckes als der großen Leidener Gesamtausgabe des Erasmus, ist völlig ohne Einteilung; die in der Übersetzung gegebene Kapiteleinteilung samt den Überschriften stammt erst von mir. Sie deckt sich nicht mit derjenigen der französischen Übersetzung von ELISE CONSTANTINESCU BAGDAT, ‚*La Querela Pacis d'Erasme*‘, Dissertation von Freiburg, Schweiz, Paris 1924. Ich verdanke dieser Arbeit namentlich die geschichtlichen Hinweise. Aber während sie in kleine Sinnabschnitte einteilt, habe ich vorgezogen, das ganze in größere Gedankengruppen zu zerlegen. Um Vergleichung mit dem lateinischen Text zu erleichtern, habe ich am Rand die Seitenzahlen des *ersten Druckes* (1–50) und der *Leidener Ausgabe* (625–642) beigefügt[14]; nach letzterer sind auch die andern Schriften zitiert. Die Frage, wie weit eine solche Übersetzung philologische Genauigkeit festhalten muß, wie weit sie sich im Interesse der Allgemeinverständlichkeit und eines leserlichen Deutsch in gewisser Freiheit bewegen darf, wird von jedem wieder etwas anders beurteilt werden. Da die Übersetzung auf das Interesse eines weiteren Publikums rechnet, da ich auch kein Philologe und Kenner der Humanistensprache bin, muß ich die Fachleute um Nachsicht bitten. In der geschichtlichen Einleitung und den Anmerkungen suchte ich mich auf das zu beschränken, was für das Verständnis aus der Zeit und aus der Persönlichkeit des Erasmus notwendig ist. Wer nähere Bekanntschaft mit Erasmus sucht, sei auf die klassische Biographie von HUIZINGA (Deutsch von Dr. W. KAEGI, Basel 1928) und auf die glänzende Darstellung von STEPHAN ZWEIG *„Triumph und Tragik des Erasmus"* (Wien, Herbert Reichner, 1934) hingewiesen. Das letztere Werk, das erst in der beschränkten Zahl einer Liebhaberausgabe erschienen ist, habe ich erst während der Korrektur kennen gelernt und in dieser Einleitung nicht mehr berücksichtigen können.

Herrn Pfr. R. Schwarz habe ich für freundliche Hilfe bei der letzten Durchsicht der Übersetzung herzlich zu danken.

(1934)

Zum Übersetzer: Rudolf Liechtenhan (1875-1947), christlicher Pazifist, Schweizer Pfarrer und Theologe. „Seit 1921 gab er als Privatdozent Vorlesungen an der Universität Basel. 1928 lehnte die Berner Regierung Liechtenhans Ruf zum ordentlichen Professor wegen seiner pazifistischen Einstellung ab. 1929 erhielt er den Ehrendoktor in Theologie an der Universität Zürich. 1935 wurde er zum außerordentlichen Professor für Neues Testament in Basel berufen und trat darauf vom Pfarramt zurück. – Liechtenhan gehört zu den Gründern der religiös-sozialen Zeitschrift ‚Neue Wege' und der Vereinigung antimilitaristischer Pfarrer; er engagierte sich außerdem im religiösen Sozialismus." (Entnommen: Wikipedia.org; Abruf 06.03.2024).

---

[14] [Diese Seitenverweise auf den lateinischen *Erstdruck* und die *Leidener Erasmus-Ausgabe* entfallen in der vorliegenden Neuedition, pb.]

Klage
des bei allen Völkern verworfenen
und vertriebenen Friedens

Erasmus von Rotterdam

Einleitung
Der Friede beklagt weniger sich selbst
als die Menschen

Wenn es den Sterblichen zum Vorteil diente, daß sie mich so unverdient verschmähen, abweisen und vertreiben, so wäre meine Klage bloß, daß m i r Unrecht geschieht und daß sie so ungerecht sind. Nun aber verstopfen sie sich selbst, indem sie mich fortjagen, die Quelle alles menschlichen Glückes und beschwören ein ganzes Meer von Unheil über sich herauf. Deshalb muß ich weit mehr über ihr unglückseliges Geschick weinen als über das mir zugefügte Unrecht, und deshalb treibt es mich, über diejenigen zu trauern, denen ich eigentlich zürnen müßte, und ihr Geschick zu beklagen. Es geht gegen allen menschlichen Brauch, den von uns zu stoßen, der uns liebt; es ist höchst undankbar, den zu verschmähen, der sich um uns verdient gemacht hat; es ist in höchstem Grade pietätlos, den Erzeuger und Erhalter aller Dinge zu betrüben; aber nun gar all das Fördernde, das ich mit mir bringe, sich selbst zu versagen und sich aus freien Stücken ein vielköpfiges Ungeheuer von allen Übeln auf den Hals zu jagen – ist nun nicht das der Gipfel des Wahnsinns? Übeltätern soll man zürnen; aber wenn einer so von allen Furien gehetzt wird –, kann man da anders als ihn bedauern? Ja, bedauernswert sind sie besonders deshalb, weil sie mit sich selbst kein Bedauern haben; besonders unglückselig sind sie, weil sie ihr eigenes Unheil

nicht einmal merken; ist es doch sonst der erste Schritt zur Gene-
sung, wenn man erkennt, wie krank man ist.

Werde nun einerseits ich, der Friede, von Menschen- und Engel-
zungen gepriesen, bin ich Quelle, Erzeuger, Ernährer, Mehrer und
Schützer von allem Guten im Himmel und auf Erden, ist ohne mich
nichts gedeihlich, nichts sicher, nichts rein und heilig, nichts den
Menschen angenehm und den Göttern gefällig – ist anderseits der
Krieg sozusagen ein Ozean aller möglichen Übel, welkt, wo er einmal ausgebrochen ist, alles was da blüht dahin, zerfällt alles, was da
wächst, wird alles, was leuchtet, verdüstert, stürzt alles ein, was fest
gegründet ist und wird alles Süße bitter, ist er eine verzehrende Pest
für alles, was Religion und Frömmigkeit heißt, gibt es nichts, was
unheiliger, für die Menschen unheilvoller, für die Himmlischen ver-
haßter wäre – bei den unsterblichen Göttern frage ich euch: Wer
glaubt, daß die noch Menschen seien und noch ein Fünklein gesun-
den Sinnes in sich tragen, die mich mit solchen Kosten, mit solcher
Geflissentlichkeit, solchem Aufwand, solcher Kunst, solchem be-
sorgten Eifer, unter so großen Gefahren aus der Welt hinauszuwer-
fen, dafür aber diesen Inbegriff alles Übels um so hohen Preis sich
zu erwerben trachten?

1. Kapitel
Der Krieg ist wider die Natur

Wenn mich die wilden Tiere auf diese Weise verschmähten, so würde ich das leicht in den Kauf nehmen und würde die mir angetane Schmach der Natur schuld geben, die ihnen einen so bösartigen Charakter eingepflanzt hat; wenn mich das stumme Vieh so nicht leiden könnte, so würde ich das seinem blöden Sinn verzeihen, dem die Begabung versagt ist, das zu begreifen, was mir anvertraut wurde. Doch welch unwürdige, mehr als ungeheuerliche Erscheinung: da hat die Natur ein Wesen hervorgebracht, mit Vernunft begabt, Ebenbild des göttlichen Geistes, ausgestattet mit Wohlwollen und Fähigkeit zur Gemeinschaft – und nun habe ich bei allen reißenden Tieren, bei jedem beliebigen blöden Vieh eher eine Stätte als bei den Menschen!

Die Bündnisse zwischen den Himmelskörpern, die doch nicht gleiche Kraft und Beweglichkeit haben, bestehen seit Jahrhunderten und bleiben in Kraft. Die einander widerstreitenden Elementarkräfte halten sich im Gleichgewicht und bewahren ewigen Frieden; bei aller Spannung nähren sie doch die Eintracht in der Harmonie ihres gegenseitigen Verhältnisses, wie fügen sich im Körper der lebenden Wesen die Organe zusammen zu einer zuverlässigen Einheit, wie sind sie bereit zum gegenseitigen Schutze! Gibt es einen größeren Unterschied als den von Leib und Seele? Und doch, läßt nicht gerade diese Verschiedenheit um so mehr zutage treten, zu welch enger gegenseitiger Abhängigkeit die Natur beide verknüpft hat, dergestalt, daß das Leben ja gar nichts anderes ist als die Zusammengesellung von Leib und Seele, die Gesundheit nichts anderes als das harmonische Zusammenstimmen aller leiblichen Funktionen?

Die der Vernunft baren Tiere leben mit ihren Artgenossen wie in einem Staatswesen einträchtig beisammen. Rudelweise leben die Elefanten, herdenweise weiden Schafe und Schweine, geschwaderweise legen Kraniche und Dohlen ihre Flüge zurück; die Störche, diese Lehrmeister aller familiären Tugenden, bilden ihre Schwärme; zu gegenseitigem Schutze treten die Delphine füreinander ein. Bekannt ist ja das von Einigkeit getragene Staatswesen der Ameisen und Bienen. Doch was rede ich weiter von denen, die zwar der Vernunft, nicht aber der Empfindung entbehren? Sogar bei Kräutern und Bäumen ist Freundschaft zu entdecken. Manche sind unfruchtbar, wenn nicht die männliche Pflanze sich dazugesellt. Der Weinstock umrankt die Ulme, der Pfirsich liebt den Weinstock.

Wenn sie auch sonst nichts empfinden, so scheinen sie doch die Wohltat des Friedens zu empfinden; oder wenn sie auch nicht wirkliche Empfindung haben, so sind sie doch, da sie das Leben haben, an den Grenzen der Empfindung.

Was ist so empfindungslos wie das Mineralreich? Und doch kann man sagen, daß selbst den Steinen Sinn für Frieden und Eintracht innewohnt. Der Magnet zieht das Eisen an und hält es fest. Und was ist's, was auch unter den wildesten Tieren Geltung hat? Bei aller Wildheit kämpft der Löwe nicht wider den Löwen, zückt der Eber nicht seine Hauer gegen den Eber, hält der Luchs mit dem Luchse Frieden, wütet der Drache nicht gegen den Drachen, und wie die Wölfe zusammenhalten, anerkennt ja das Sprichwort.

2. Kapitel
Der Krieg ist wider die Menschlichkeit

Ja, am allererstaunlichsten ist, daß selbst die bösen Geister, durch die doch zuerst das Band zwischen Irdischen und Himmlischen zerrissen wurde und noch zerrissen wird, unter sich verbündet sind und im Tragen des Joches ihres Tyrannen gleichen Sinn zeigen. Die Menschen hingegen, für welche die Einigkeit am allerangemessensten ist und die ihrer am dringendsten bedürfen, schließt weder die sonst so wirkungskräftige Natur zusammen, noch verbindet sie irgendeine menschliche Einrichtung, noch kittet sie der aus der Eintracht erwachsende Nutzen aneinander, ja nicht einmal Empfindung und Erfahrung der Übel vereinigt sie zu gegenseitiger Liebe. Und doch haben sie dieselbe Gestalt, dieselbe Stimme, und während zwischen den übrigen Wesen in der Körpergestalt die größte Verschiedenheit herrscht, verbindet die Menschen ein gemeinsames Kennzeichen: die ihnen verliehene Macht der Vernunft, an der keines der anderen Lebewesen teilhat. Ihnen allein ist die Gabe der Sprache verliehen, das vornehmste Werkzeug der Gemeinschaft. Gemeinsam ist ihnen der Keim aller Zucht und Tugend, die milde, freundliche Sinnesart, die zum gegenseitigen Wohlwollen neigt. Durch sie bereitet das Lieben an sich Freude, gewährt es Befriedigung, andern Gutes zu erweisen; es sei denn, daß einer durch verkehrte Begierden wie durch den Zauber der Circe aus einem Menschen in ein Tier verwandelt worden sei.[15] Daher kommt es offenkundig, daß die Umgangssprache das, was aus Wohlwollen ge-

---

[15] *Dulce bell.* S. 954 D läßt Erasmus die Natur selbst ausrufen: „*Was für ein neues Schauspiel! Was für eine Mißgeburt hat hier die Hölle ausgespien! … Ich habe dieses eine Geschöpf ganz und gar wohlwollend, freundschaftlich, heilbringend geschaffen, was ist geschehen, daß es so zum reißenden Tier entartet ist? Ich erkenne den Menschen nicht wieder, den ich gebildet habe, welcher böse Geist hat mein Werk entstellt? Welche Hexe hat mit ihren Zaubersprüchen den menschlichen Sinn ausgetrieben und den tierischen herbeibeschworen? Welche Circe hat die ursprüngliche Gestalt verwandelt? Ich möchte, daß der Unglückselige sich im Spiegel beschaute; aber wo die Besinnung fehlt, sind ja auch die Augen blind. Aber beschaue dich doch, du wutentbrannter Krieger, wenn du es vermagst, wenn dir einmal die Besinnung wiederkehrt, woher hast du den drohenden Kamm auf deinem Scheitel, den blitzenden Helm usw.? Ich habe dich als ein göttliches Wesen geschaffen – was ist dir in den Sinn gekommen, dich selbst in ein so greuliches Untier zu verwandeln?*“ – Auf S. 954 A derselben Schrift prägt Erasmus den Satz: *Homini nulla fera perniciosior quam homo*: Für den Mensch ist keine Bestie verderblicher als der Mensch selbst.

schieht, menschlich nennt und mit dem Wort Menschlichkeit nicht bloß die angeborene Natur, sondern die des Menschen würdige Kultur bezeichnet. Die Tränen wurden ihnen als Zeichen eines sensiblen Gemütes beigegeben, dank dem sie, wenn eine Beleidigung vorgefallen ist oder eine Wolke den heitern Himmel der Freundschaft verdüstert hat, so leicht zum freundlichen Verhältnis den Rückweg finden.

Seht, durch wie viele Gründe die Natur uns Eintracht eingeschärft hat! Aber sie hat sich nicht damit begnügt, uns dadurch den Frieden verlockend vor Augen zu stellen und hat nicht nur gewollt, daß uns die Freundschaft angenehm, sondern auch, daß sie uns notwendig sei. Sie hat die Gaben des Leibes und der Seele so ausgeteilt, daß keiner jeder Situation gewachsen und nicht auch auf die Hilfe des Unbedeutenden angewiesen wäre. Sie hat nicht allen dieselben Gaben beschert und sie nicht im gleichen Maße ausgeteilt, damit gerade diese Verschiedenheit durch gegenseitige Freundschaftserweise ausgeglichen würde. Verschiedene Gegenden bringen verschiedene Produkte hervor, so daß das aufeinander Angewiesensein zu Handel und Verkehr anleitet. Alle übrigen Wesen hat die Natur mit ihren natürlichen Schutz- und Trutzwaffen ausgerüstet, den Menschen allein schwach und wehrlos geschaffen, so daß er durch nichts anderes Sicherheit gewinnt als durch Geselligkeit und gegenseitige Verbindung. Die Not hat ihn den Weg zur Staatsbildung finden lassen, die Not hat wieder die Staaten gelehrt, Bündnisse zu schließen, um mit vereinten Kräften den Angriff von wilden Menschen und Tieren abzuwehren. Es gehört zum menschlichen Wesen, daß nichts auf sich allein angewiesen bestehen kann.

Schon in seinen Anfängen wäre das Menschengeschlecht zugrunde gegangen, wenn nicht die Gemeinschaft der Ehe es fortgepflanzt hätte. Der Mensch würde nicht zur Geburt kommen, der Geborene würde sofort zugrunde gehen und das Leben schon an seiner Schwelle verlieren, wenn nicht die hilfreiche Hand der Geburtshelferin, die freundliche Fürsorge der Pflegerin dem kleinen Kinde zu Hilfe käme. Zu diesem Zweck hat die Natur dem Menschen das gewaltig zwingende Feuer der Elternliebe verliehen, durch das die Eltern das Kind schon lieben, bevor sie es noch gesehen haben. Als weiteres Geschenk hat sie die Kindesliebe gegeben, damit den Eltern die Fürsorge für die Hilfsbedürftigkeit der Kinder leichter gemacht

würde und das rechte Verhältnis allen gleicherweise als des Preises
wert erscheine, das die Griechen äußerst zutreffend mir dem Ausdruck Antipelargosis, Storchliebe, bezeichnet haben. Weiter tritt
hinzu das Band der Verwandtschaft und Verschwägerung, die
Gleichartigkeit der Begabung, der Interessen und der äußeren Erscheinung als sicher zum Wohlwollen zusammenschließende Kraft;
in vielen Fällen ein verborgener Zug der Seele, ein wunderbarer Antrieb zur gegenseitigen Liebe, den die Alten bewundernd einer Gottheit zuschrieben. So viele Gründe gibt uns die Natur, die uns Frieden und Eintracht lehren, durch so viele Lockmittel lädt sie uns
dazu ein, mit so vielen Schlingen zieht sie uns dazu hin, durch so
vielerlei treibt sie uns an.

Dessenungeachtet hat jene so sehr auf allen Schaden bedachte
Rachegöttin alle diese Bande gelöst, zerrissen, durchschnitten, die
Wut einer unersättlichen Kampfesluft in die Herzen der Menschen
gesät. Wenn nicht die Gewohnheit dazu führte, daß man sich über
das Böse gar nicht mehr verwundert, ja es gar nicht mehr fühlt, wer
würde da glauben, daß die noch mit einem menschlichen Gemütsleben begabt sind, die so mit beständigen Zerwürfnissen, Prozessen
und Kriegen wider einander kämpfen, zanken und toben? Zuletzt
werden von Raub, Blutvergießen, Verwüstung und Zertrümmerung
heilige und unheilige Stätten erfüllt. Kein Bund ist so heilig, daß er
diese zum Verderben wider einander Rasenden auseinanderzureißen vermöchte. Der allen gemeinsame Name Mensch genügte einst,
die Menschen zur Verständigung zu bringen, und darüber hinaus
bedurfte es nichts.

Aber es scheint so sein zu müssen, daß wie die Natur, die doch
bei den Tieren höchste Geltung hat, bei den Menschen nichts vermag, so auch Christus bei den Christen nichts vermocht hat. Mag
schließlich die Lehre der Natur nichts ausrichten, die doch in der
Welt der gefühllosen Dinge so große Macht zeigt, warum vermag
aber dann die Lehre Christi, die so weit überlegen ist, ihre Bekenner
nicht zu dem zu überreden, was sie in allererster Linie anrät, nämlich Frieden und gegenseitiges Wohlwollen? Warum vermag sie
nicht wenigstens von diesem wilden, gottlosen Wahnsinn des Krieges abzubringen?

3. Kapitel
Der Friede klagt,
daß er nirgends eine Stätte finde

Wenn ich das Wort Mensch höre, so komme ich sogleich herbei als zu einem mir verwandten Wesen, und vertraue darauf, daß ich dort weilen kann. Höre ich aber den Christennamen, so schwebe ich noch viel eilender heran, in der Gewißheit, daß ich da meine Herrschaft aufrichten darf. Aber Schmach und Schande ist's, zu sagen: Plätze, Hallen, Rathäuser, Kirchen klingen so von Streit wider wie nirgends selbst im Heidenland. Dabei bildet die Schar der Advokaten, die an diesem Unheil der Menschheit einen ganz beträchtlichen Anteil haben, doch nur ein verschwindendes Häuflein gegenüber der wogenden Menge derer, die widereinander im Prozesse liegen.

Ich erblicke eine Stadt; sogleich erwacht in mir die Hoffnung, daß wenigstens zwischen denen eine Einheit bestehe, die innerhalb desselben Mauergürtels leben, von denselben Gesetzen regiert werden, und wie die Besatzung eines Schiffes von einer und derselben Gefahr bedroht sind. Doch welche Erfahrung muß ich Unglücklicher daselbst machen! Auch hier ist alles von Entzweiung angefressen, so daß ich kaum ein Haus finden kann, wo ich einen oder mehrere Tage weilen dürfte!

Aber ich will das gemeine Volk sich selber überlassen, das, der Meeresbrandung gleich, in den Wogen seiner Leidenschaft aufschäumt, und mich an die Fürstenhöfe wie in einen sichern Hafen zurückziehen. Dort, meine ich, kann der Friede doch eine Stätte finden, die haben mehr Verstand als die Masse, die sind sozusagen das Gehirn und das Auge des Volkes. Sie vertreten die Sache dessen, der Lehrer und Fürst der Eintracht ist, und von dem ich ja allen, ganz besonders ihnen ans Herz gelegt bin. Sie versprechen ja auch alles Gute. Da schaue ich Empfänge in allen Formen der Höflichkeit, mit freundschaftlichen Umarmungen, fröhlichen Gelagen; auch alle übrigen Pflichten der Menschlichkeit sind erfüllt. Doch welch unwürdige Sache! Bei ihnen vermag ich auch nicht den Schatten wahrer Eintracht zu erblicken. Hinterlist und Täuschung ist alles, allen Parteiumtrieben ist Tür und Tor geöffnet; von Hintertreppenmachenschaften, Intrigen und Rivalitäten ist alles korrumpiert. Weit davon entfernt, daß dort der Sitz des Friedens sein könnte! Vielmehr befindet sich gerade dort die Quelle und Pflanzschule aller Kriege. Ich Unglücklicher, wohin soll ich gehen, nachdem mich diese Hoffnung betrogen hat? Diese Fürsten sind mehr große Herren als Gebildete. Sie werden mehr von ihren Gelüsten als von einem richtigen Urteil bestimmt.

So will ich mich zu den Intellektuellen flüchten! Feine Bildung macht ja den Menschen aus, Philosophie hebt über Menschenmaß empor, Theologie trägt in die göttlichen Sphären. Dort wird mir nach so vielen Irrwegen Ruhe zuteil werden. Doch welch schmerzliche Enttäuschung: auch dort wütet eine andere, zwar weniger blutige, aber darum nicht weniger unsinnige Art von Krieg! Denn eine Schule verträgt sich nicht mit der andern, und als ob die Wahrheit von Ort zu Ort verschieden wäre, so setzen gewisse Erkenntnisse nicht über das Meer, steigen nicht über die Alpen und schwimmen nicht über den Rhein. An einer und derselben Bildungsstätte ist Krieg zwischen dem Rhetoren und dem Dialektiker, der Jurist verträgt sich nicht mit dem Theologen, wieder innerhalb derselben Fakultät kämpft der Thomist mit dem Skotisten, der Realist mit dem Nominalisten, der Peripatetiker mit dem Platoniker[16], so daß sie auch nicht in den geringfügigsten Nebenfragen einig werden; schließlich geraten sie im Disput über des Esels Schatten[17] aufs schrecklichste aneinander, das Gespräch erhitzt sich immer mehr, von der Begründung geht man über zur Beschimpfung, aus der Beschimpfung wird ein Handgemenge, und wenn man die Sache nicht mit Dolchen und Lanzen ausficht, so verwundet man einander mit vergifteten Federn, zerfleischt sich wenigstens auf dem Papier, und aus dem Munde schwirren die Pfeile, die den guten Ruf des andern tödlich treffen. Wohin soll ich mich wenden, nachdem ich so oft erfahren habe, daß man mich mit bloßen Worten abspeist? Was bleibt übrig, als der eine heilige Rettungsanker, die Religion? Zwar kommt das religiöse Bekenntnis allen Christen insgemein zu; aber Titel,

---

[16] *Thomisten* und *Skotisten*, Anhänger der beiden großen mittelalterlichen Scholastiker THOMAS VON AQUINO und DUNS SCOTUS; *Realisten* und *Nominalisten*, ebenfalls die sich bekämpfenden Schulen in der scholastischen Theologie; *Peripatetiker* die philosophische Schule der Anhänger des ARISTOTELES, im Gegensatz zur Schule des PLATO.

[17] Im Text des ERASMUS: *de lana caprina,* um die Bockswolle, eine sprichwörtliche Wendung, die der in der Übersetzung gebrauchten ungefähr entspricht.

Kultus und Zeremonien machen es doch zur besondern Angelegenheit derer, die unter dem Namen Priester besonderes Ansehen beim Volk beanspruchen. All das erweckt mir aus der Ferne die Hoffnung, daß da für mich ein schützender Hafen bereit sei. Da schimmern weiße Gewänder – weiß ist ja meine Farbe –, da sehe ich die Kreuze, diese Symbole des Friedens, da vernehme ich den so wunderbar süß klingenden Brudernamen, der auf die höchste Liebe schließen läßt, da vernehme ich die Glück verheißenden Friedensgrüße; ich sehe wie sie, eine eng verbundene Gesellschaft, alles gemein haben, um e i n Heiligtum geschart, denselben Regeln unterworfen, in täglichem Umgang stehen, wer vertraute nicht darauf, daß da der Friede eine Stätte finde? Doch welch unwürdige Sache: das Domkapitel kommt nicht nur mit dem Bischof nicht aus, sondern ist auch meist unter sich durch Cliquenwesen gespalten.

Gibt es irgendwo einen Priester, der nicht mit einem andern Priester im Streite liegt? Paulus erklärt es für unerträglich, wenn ein Christ mit dem andern einen Prozeß führt, und doch ist Streit von Priester wider Priester, von Bischof wider Bischof. Vielleicht findet das jemand verzeihlich, weil sie durch alt eingesessenen Brauch in die gleiche Haltung wie die Heiden hineingeglitten sind, seit sie ihnen auch an Besitz gleich zu werden begonnen haben. Mögen sie nur dieses ihr Recht genießen, das sie sich, als wäre es von vornherein ausbedungen, reservieren!

Nun bleibt noch eine Menschenklasse übrig, die mit der Religion so fest verknüpft ist, daß sie dieses Band, auch wenn sie wollten, nicht abschütteln können, so wenig wie die Schildkröte ihre Schale. Ich würde hoffen, dort eine Stätte zu finden, wenn mich nicht schon so manche Hoffnung getäuscht und Skepsis gelehrt hätte. Dennoch will ich nichts unversucht lassen und meine Erfahrungen sammeln. Und das Resultat? Nirgends bin ich heftiger zurückgeprallt, was bleibt noch zu hoffen, wenn Religion mit Religion entzweit ist? So viele Orden, so viele Parteien. Dominikaner sind wider Minoriten, Benediktiner wider Bernhardiner.[18] So viele Namen, so viele ver-

---

[18] Bezieht sich auf die verschiedenen Mönchsorden. *Minoriten* (Franziskaner) und *Dominikaner* sind die beiden sich oft heftig bekämpfenden Bettelorden; *Bernhardiner* wird der vor allem vom heiligen BERNHARD VON CLAIRVAUX zur Blüte gebrachte Zisterzienserorden genannt; *Benediktiner* sind die Mönche der Klöster, welche die Ordensregel des heiligen BENEDIKT VON NURSIA befolgen.

schiedene gottesdienstliche Gebräuche und Zeremonien, die nur
den Zweck haben, Verständigung zu verhüten; jedem gefallen nur
die eigenen, und er verurteilt die fremden und haßt sie. Innerhalb
des Ordens ist wieder Spaltung zwischen den verschiedenen Klassen, die Observanten befehden die Coleten und beide die Tertiarier,[19] die ein Konvent heißen, trotzdem keinem am andern etwas
konveniert. Wie billig wünschte ich, der überall Enttäuschte, in irgendeinem Klösterlein Zuflucht zu finden, wo es recht ruhig wäre.
Ungern sage ich es, aber es ist volle Wahrheit: ich habe bisher keines
gefunden, das nicht angesteckt gewesen wäre von Groll und Zank.
Ich müßte mich schämen, zu berichten, um welche nichtssagenden
Schwätzereien und Zänkereien alte Männer mit würdigem Bart und
Kutte, die sich selbst wunder wie gebildet und heilig vorkommen,
die größten Kämpfe ausfechten.

Da lächelte mir doch einige Hoffnung, es könnte sein, daß ich
irgendwo in einer der vielen Ehen eine, wenn auch bescheidene,
Stätte finde, was für Erwartungen erweckt doch die Hausgemeinschaft, die Gütergemeinschaft, die Bettgemeinschaft, der gemeinsame Besitz der Kinder, die Tatsache, daß jedes körperlich ein Recht
auf das andere hat und beide eher wie e i n Mensch scheinen, der
aus zweien gebildet ist, als zwei verschiedene. Doch auch da hat sich
die denkbar bösartigste Zankgöttin *Eris* eingeschlichen; sie wußte
die durch so feste Bande Vereinigten durch Meinungsverschiedenheiten auseinanderzureißen. Nichtsdestoweniger finde ich bei diesen noch eher Raum, als bei denen, die sich durch so und so viele
Dokumente, äußere Zeichen und Zeremonien Liebe geloben.

Schließlich kam es dazu, daß mein Wunsch war, es möchte mir
wenigstens in der Brust eines einzelnen Menschen eine Stätte gewährt werden. Auch das geschah nicht, der Mensch ist mit sich
selbst entzweit, die Vernunft führt Krieg mit den Affekten, die Affekte untereinander; nach der einen Seite ruft die Frömmigkeit, nach
der anderen zerrt die Begierde. Gibt die Lust einen Rat ein, so gibt
der Zorn einen andern, einen andern der Ehrgeiz, einen andern die
Habsucht. Trotzdem es so steht, empfinden sie keine Scham, wenn
sie sich Christen nennen lassen, da sie doch in jeder Weise dem ins
Gesicht schlagen, was Christi Eigenart und Vorzug ist.

---

[19] Verschiedene Grade und Richtungen innerhalb desselben Ordens.

4. Kapitel
Der Krieg ist wider die Lehre Christi

Betrachtet einmal sein ganzes Leben. Ist es für uns etwas anderes als eine Lehre der Eintracht und gegenseitigen Liebe? Was prägen uns seine Gebote, seine Gleichnisse anders ein als Frieden und Nächstenliebe? Als der große Prophet *Jesaia*, vom Heiligen Geist inspiriert, den Messias als den kommenden Versöhner der ganzen Welt weissagte, hat er da einen Regierungsgewaltigen, einen Städtezerstörer, einen Kriegsfürsten, einen Triumphator verheißen? Nun und nimmermehr! Was denn? Einen Friedefürsten.[20] Als er das Bild des denkbar besten Herrschers zeichnen wollte, hat er ihn auch mit den Merkmalen ausgestattet, die ihm als die ausgezeichnetsten erschienen. Kein Wunder, daß es *Jesaia* so erschienen ist, wenn auch der heidnische Dichter *Silius*[21] im selben Sinn von mir geschrieben hat:

„Friede das beste, was die Natur dem Menschen bescherte". Mit ihm stimmt jener mystische Sänger überein, da er sagte:

„Und im Frieden wurde ihm die Stätte bereitet."[22] Im Frieden, sagt er, nicht in Zelten, nicht im Feldlager. Er ist ein Fürst des Friedens, er liebt den Frieden, aller Zwist verletzt ihn.

Wiederum nennt *Jesaja* den Frieden die Frucht der Gerechtigkeit,[23] und stimmt damit, wenn ich mich nicht täusche, ganz mit *Paulus* überein, der aus dem leidenschaftlich erregten *Saulus* ein ruhiger Mensch und Lehrer des Friedens geworden ist. Als er die Liebe unter allen inneren Gaben des Geistes voranstellte, mit welchem Pathos, welchem Schwung hat er da den Korinthern meinen Preis gesungen![24] Sollte ich mich nicht rühmen, da ich von einem solchen Manne besungen werde? Einmal braucht er den Ausdruck „Gott des Friedens",[25] das andere Mal „Friede Gottes",[26] und deutet damit an, beides hänge so zusammen, daß da kein Friede sein kann, wo Gott

---

[20] Jes. 9, 1 ff.

[21] SILIUS ITALICUS, 25–101 n. Chr., römischer Dichter, Verfasser eines Epos *Punica*, das in 17 Büchern die punischen Kriege der Römer verherrlichte.

[22] Psalm 76, 3 (andere Übersetzung als in der Lutherbibel).

[23] Jes. 32, 17.

[24] 1. Kor. 13.

[25] Röm. 15, 33; Phil. 4, 9; 1. Thess. 5, 23.

[26] Phil. 4, 7.

nicht zugegen ist, und Gott da nicht zugegen sein kann, wo kein Friede herrscht. Wir lesen in den heiligen Schriften, daß die Frommen und Gottesmänner Boten des Friedens genannt werden.[27] Darum liegt es klar zutage, wen man als Boten des Krieges betrachten muß. Höret mich, ihr rüstigen Krieger! Schauet, unter wessen Fahnen ihr kämpft, ob nicht etwa dessen, der Feindschaft sät zwischen Gott und Menschen. Jedes Unheil, unter dem das sterbliche Geschlecht seufzt, ist dieser Spaltung zuzuschreiben.

Abgeschmackt ist das Argument, das man vorbringt, daß in den heiligen Schriften Gott als „Herr der Heerscharen", als „Gott der Rache"[28] bezeichnet wird. Es ist doch ein gewaltiger Unterschied zwischen dem Gott der Juden und dem Christengott, wenn es auch, streng genommen, seiner Natur nach einer und derselbe Gott ist. Oder wenn wir an den alten Gottesnamen hängen bleiben wollen – wohlan, so lasse ich mir den „Herrn der Heerscharen" gefallen; nur verstehe ich unter den Heerscharen die geordnete Schlachtreihe der Tugenden, unter deren Schutz die Frommen die Laster zu Fall bringen. Oder nenne ihn „Gott der Rache"; aber verstehe darunter die Strafe, die das, was die Laster anrichten, zurecht bringt. Die blutigen Feldzüge, von denen die Bücher der Hebräer voll sind, verstehe nicht davon, daß hier Menschen zerfleischt, sondern daß gottlose Regungen aus der Brust verjagt werden!

Doch um unsere These weiter zu verfechten, wollen wir dem nachgehen, wie oft die heiligen Schriften, wenn sie vom ewigen Heil reden, dafür die Bezeichnung Frieden brauchen. Zum Beispiel *Jesaja* in dem Wort: „Mein Volk wird in der Schönheit des Friedens wohnen",[29] oder das Psalmwort: „Friede über Israel",[30] oder wieder *Jesaja*, wenn er rühmt, wie lieblich die Füße derer sind, die Frieden verkündigen, Gutes predigen.[31] Wer den Christus verheißt, verheißt den Frieden; wer den Krieg verkündet, der verkündet den, der Christi Widersacher ist. Was ist's, das den Sohn Gottes auf die Erde hernieder gelockt hat? Doch nichts anderes als der Wille, die Welt mit dem Vater zu versöhnen, die Menschen durch gegenseitige

---

[27] Jes. 52, 7.

[28] Vgl. 5. Mos. 32, 35; Ps. 94; 1. Jer. 51, 56 u. a.

[29] Jes. 32, 18 nach der Vulgata.

[30] Ps. 125, 5.

[31] Jes. 52, 7.

unauflösbare Liebe zu verbinden, zuletzt dazu, den Menschen sich zum Freunde zu gewinnen. Mir zuliebe ist er gesandt worden, mein Heil ist sein Werk gewesen. Deshalb hat er gewollt, daß Salomo zum Hinweis auf ihn würde, der von uns der Friedebringer genannt wird. So groß David war – weil er ein Krieger und von Blut befleckt war, durfte er das Haus des Herrn nicht bauen, verdiente er nicht, ein Vorläufer des friedfertigen Christus zu sein.[32] Das erwäge, du Säbelraßler: wenn schon Kriege, die auf Befehl Gottes unternommen und geführt worden sind, in dieser Weise unwürdig machen, wie viel mehr dann solche, die dem Ehrgeiz, dem Zorn, der Erbitterung entspringen? Wenn den frommen König das vergossene Heidenblut befleckt hat, was bewirkt dann erst das reichlich vergossene Christenblut?

Ich beschwöre dich, du christlicher Fürst – wenn du wirklich ein Christ bist –, betrachte das Bild deines Herrn und Meisters, wie er s e i n e Herrschaft angetreten, wie er sie fortgeführt hat, wie er von hier geschieden ist, und du wirst wohl erkennen, wie er d e i n Regiment geführt wissen will: doch gewiß so, daß Friede und Eintracht deine oberste Sorge bildet.

Als Christus geboren wurde, haben da die Engel etwa in die Kriegsposaune gestoßen? Posaunenschall vernahmen die Juden, denen Kriegführen erlaubt war, und damit stimmten die andern göttlichen Zeichen überein, die ihnen zeigten, daß sie ihre Feinde hassen durften. Aber dem Volk des Friedensreiches haben die Friedensengel ein ganz anderes Lied gesungen. Haben sie etwa ein Feldsignal hören lassen? Haben sie Siege, Triumphzüge, Siegesbeute verheißen? Nicht von ferne! Was denn? Den Frieden verkünden sie im Einklang mit den Verheißungen der Propheten, und sie verheißen ihn nicht solchen, die auf Krieg und Blutvergießen sinnen, die unbändige Gesellen unter die Waffen rufen, sondern sie verheißen ihn Menschen guten Willens, die auf Eintracht bedacht sind.[33] Mögen die Sterblichen ihre Bresten beschönigen wie sie wollen – wenn sie nicht am Kriege Freude hätten, so würden sie nicht so beständig in Kriegen aneinander geraten.

---

[32] 1. Chron. 22, 6 ff.

[33] Luk. 2, 14 nach der Vulgata: *hominibus bonae voluntatis*.

Als Christus erwachsen war, was hat er anderes gelehrt und zum Ausdruck gebracht als den Frieden? Weiterhin begrüßt er die Seinen mir dem Segensgruß: „Friede sei mit euch!"[34] und schreibt diesen Gruß auch den Seinigen als den der Christen einzig würdigen vor.[35] Diese Anweisung befolgen die Apostel, wenn sie im Eingang ihrer Briefe den von ihnen Geliebten den Frieden wünschen. Wer Wohlergehen wünscht, begehrt eine gute Sache; wer aber um Frieden fleht, der fleht um das reinste Glück. Hat er ihn den Seinen schon während seines Lebens soundso oft ans Herz gelegt, wie dringend hat er ihn erst bei seinem Sterben anempfohlen: „Liebet einander, gleichwie ich euch geliebt habe!"[36] Und wieder: „Meinen Frieden gebe ich euch, den Frieden lasse ich euch!"[37] Hört ihr sein Vermächtnis für die Seinen? Sind es Streitrosse, Reisige, ein Herrscherthron, Armeen? Nichts von alledem. Was denn? Den Frieden schenkt, den Frieden hinterläßt er, den Frieden mit den Freunden, den Frieden mit den Feinden. Ich lade dich ein, zu vernehmen, was er beim heiligen Abendmahl, als der Tod unmittelbar vor ihm stand, von seinem Vater erfleht hat. Ich denke, er hat da nicht etwas Nichtiges gefordert, da er wußte, seine Bitte werde erfüllt. „Heiliger Vater", betet er, „erhalte sie in deinem Namen, damit sie eins seien, gleichwie wir eins sind!"[38] Beachte, was für eine allerhöchste Eintracht der Herr für die Seinen verlangt: nicht nur, daß sie einmütig seien, sondern daß sie e i n s seien, und zwar nicht nur auf beliebige Weise, sondern „gleichwie wir eins sind", die wir auf die vollkommenste und unaussprechliche Weise eins sind. Zugleich gibt er nebenbei zu verstehen, den Sterblichen sei allein so zu helfen, daß sie den Frieden untereinander pflegen. Wenn die weltlichen Fürsten mit irgendeinem Abzeichen die Ihrigen versehen, um sie, besonders im Kriege, von andern unterscheiden zu können, so schau mit welchem Zeichen Christus die Seinigen versieht: mit keinem andern als dem der gegenseitigen Liebe. „Daran wird jedermann erkennen, daß ihr meine Jünger seid, spricht er, so ihr Liebe habt untereinander."[39]

---

[34] Joh. 20, 19.

[35] Matth. 10, 12 f.

[36] Joh. 13, 34.

[37] Joh. 14, 27.

[38] Joh. 17, 11.

[39] Joh. 13, 35.

Nicht daran, daß ihr euch so oder so kleidet, euch so oder so nährt, auch nicht, daß ihr so streng fastet oder den ganzen Psalter auswendig lernt, sondern daß ihr euch untereinander liebt, und zwar nicht auf gewöhnliche Menschenweise, sondern „wie ich euch geliebt habe". Zahllos sind die Anweisungen der Philosophen, mannigfach die Gebote Moses, ohne Ende die Erlasse der Könige; aber mein Gebot ist ein einziges: daß ihr euch untereinander liebet!

Als er den Seinen die Weise des rechten Gebetes vorschrieb, hat er ihnen da nicht gleich am Anfang eine Mahnung zur christlichen Eintracht mitgegeben, als er sagte: u n s e r Vater? Darin sind die Beter zur Einheit geworden, auf e i n gemeinsames Ziel sind aller Bitten gerichtet. Alle bilden e i n Haus, e i n e Familie, von e i n e m Vater sind alle abhängig – und da sollte es das rechte sein, wenn sie sich in beständigen Kriegen bekämpfen? Kannst du mit dem Mund den Vater unser aller anrufen und gleichzeitig dem Bruder das Schwert in die Eingeweide stoßen?

Weil er gewollt hat, daß das zuallertiefst im Gemüt der Seinen wurzle, durch wie viele Symbole, wie viele Gleichnisse, wie viele Gebote hat er den Seinen das Trachten nach Frieden eingeprägt! Er nennt sich den Hirten und sie die Schafe.[40] Um des Himmels willen, habt ihr je gesehen, daß Schafe mit Schafen kämpften? Was haben die Wölfe noch zu tun, wenn die Herde sich gegenseitig aufreibt? Wenn er sich den Weinstock und sie die Reben nennt[41], was drückt er anderes aus, als die Einmütigkeit? Würde uns das nicht wie ein Unheilszeichen vorkommen, dem man mit Bittgängen begegnen müßte, wenn Rebe mir Rebe stritte? Sollte es weniger ein Unheilszeichen sein, wenn ein Christ wider Christen Krieg führt? Wenn etwas für die Christen durch besondere Heiligkeit ausgezeichnet ist, ausgezeichnet sein und in ihrem Innersten eine Stätte haben soll, so ist es das, was Christus in seinen letzten Gesprächen als Vermächtnis hinterlassen und seinen Kindern so ans Herz gelegt hat, daß sie es nie vergessen sollten. Und was hat er sie da gelehrt, ihnen aufgetragen, vorgeschrieben, worum sie angefleht, als daß sie Liebe haben sollten untereinander? Was bedeutet die Gemeinschaft des geseg-

---

[40] Joh. 10, 12.
[41] Joh. 15, 1 ff.

neten Brotes und des gesegneten Reiches, als daß eine neue, unlösbare Zusammengehörigkeit dadurch geweiht werden sollte?

Weiter, da er wußte, daß da kein Friede bestehen kann, wo um Staatsgewalt, Prestige, Wirtschaftsmacht, Vergeltung ein Streit anhebt, hat er, um diese Regungen aus dem Herzen der Seinen auszutilgen, ihnen überhaupt verboten, dem Übel zu widerstreiten und ihnen befohlen, denen, die ihnen etwas zuleide tun, so viel sie vermöchten zuliebe zu tun, und die zu segnen, die ihnen fluchen[42] – und nun halten sich die für Christen, die um der kleinsten Bagatelle willen einen ganzen großen Teil des Erdkreises mit Krieg überziehen? Er hat bestimmt, daß, wer unter seinem Volk groß sein will, aller Diener sein[43] und keinen andern Vorzug vor den andern genießen soll, als daß er besser ist und für mehr Menschen fördernd wirkt – und doch schämen sich manche nicht, um eines winzigen Landstreifchens willen, um das sie ihr Reich erweitern möchten, die Welt so in Aufruhr zu bringen? Er lehrt sie, so wie die Vögel unter dem Himmel und die Lilien auf dem Felde, nicht auf den nächsten Tag zu schauen und verbietet ihnen, die Sorge auf das Morgen auszudehnen;[44] er will, daß man alles dem Himmel anheimstelle, er schließt die Reichen vom Gottesreiche aus[45] – und da scheuen sie sich nicht, um eines lächerlichen schuldig gebliebenen Sümmchens willen (vielleicht ist sogar die Zahlungsverpflichtung fraglich) so viel Menschenblut zu vergießen. Und das sieht man erst noch heutigen Tages für einen rechtmäßigen Grund zur Kriegserklärung an.

Keinen andern Sinn hat es, wenn *Jesus* sie auffordert, daß sie von ihm lernen sollten, da er sanftmütig und in keiner Weise gewalttätig sei,[46] oder wenn er befiehlt, daß man die Gabe auf dem Altar lassen und sie nicht opfern dürfe, ehe man sich mit dem Bruder versöhnt habe.[47] Hat er damit nicht öffentlich gelehrt, daß die Pflicht zur Gemeinschaft allen andern vorangehe, und daß kein Opfer Gott gefalle, wenn ich, der Friede, nicht dabei bin und es weihe. Gott verwarf den jüdischen Opferdienst, sei's ein Widder, sei's ein Schaf,

---

[42] Matth. 5, 44 ff.

[43] Marc. 10, 43 ff; Luk. 22, 25.

[44] Matth. 6, 25ff.

[45] Matth. 19, 23 f.

[46] Matth. 11, 29.

[47] Matth. 5, 23 f.

wenn er von entzweiten Brüdern dargebracht wurde – und da sollten die Christen sich erfrechen, während sie sich im Kriegszustand befinden, jenes heilige Opfer darzubringen?

Als er für sich das Bild brauchte von der Henne, die ihre Küchlein unter ihre Flügel sammelt, welches zutreffende Sinnbild der Eintracht hat er da gegeben! wenn er sie so um sich sammelt,[48] wie schickt es sich da, daß die Christen die Rolle des Hühnerweihs übernehmen? Dahin gehört es auch, wenn er sich den Eckstein nennt,[49] in dem zwei Wände zusammentreffen; wie schickt es sich da, daß seine Stellevertreter den ganzen Erdkreis unter die Waffen rufen und ganze Reiche aufeinanderhetzen? Sie rühmen sich, daß er ihr Herr und Versöhner sei, und lassen sich doch auf keine Weise zum Frieden bringen. Er hat bewirkt, daß Pilatus und Herodes Freunde wurden,[50] und sollte die Seinen nicht zur Eintracht zusammenbringen können?

Den noch halb im Judentum steckenden *Petrus*, der in der Stunde der Todesgefahr seinen Herrn und Meister zu schützen sich anschickte, schilt er, der verteidigt werden sollte, und befiehlt ihm, das Schwert an seinen Ort zu stecken[51] – und unter den Christen ist um der geringfügigsten Ursachen willen das Schwert beständig gezogen und gezückt, und erst noch gegen Christen. Hat etwa der durch das Schwert geschützt sein wollen, der sterbend für die betete, die an seinem Tode die Schuld trugen?

Die ganze Heilige Schrift, ob du nun das Alte oder das Neue Testament aufschlägst, läßt nichts anderes hören als Frieden und Eintracht, und das Leben der Christen ist auf nichts als Krieg eingestellt. Was ist das für eine bestialische Wildheit, die durch alle diese Gründe sich weder überwinden noch mildern läßt? Sie sollen doch lieber aufhören, sich des Christennamens zu rühmen, oder dann durch Eintracht die christliche Wahrheit darstellen, wie lange soll dieser Widerstreit zwischen Lehre und Leben noch dauern? Schmückt nur eure Gebäude, eure Kleider mit dem Kreuzeszeichen – Christus wird kein Zeichen anerkennen, als das, das er selbst den Seinen vorgeschrieben hat, das der Eintracht.

---

[48] Matth. 23, 37.
[49] Matth. 21, 42.
[50] Luk. 23, 12.
[51] Matth. 26, 52.

In eins geschart sehen sie ihn gen Himmel fahren,[52] in eins geschart werden sie angewiesen, seinen Heiligen Geist zu erwarten,
und denen, die versammelt sind in seinem Namen, verheißt er, daß
er mitten unter ihnen sein werde, damit niemand in den Sinn
komme, Christus könnte da sein, wo Krieg geführt wird. Ja, was ist
jener Geist in feurigen Zungen anderes als die Liebe? Nichts schafft
so wie dieses Feuer Gemeinschaft, und Feuer entzündet wieder
Feuer, ohne selbst gemindert zu werden. Willst du aber wissen, daß
jener Geist Eintracht erzeugt, so siehe auf das Ende jener Geschichte:
„die ganze Menge der Gläubigen, heißt es da, war e i n Herz und
e i n e Seele".[53] Nimm den Geist aus dem Leibe heraus, und sofort
löst sich der Zusammenhang der Glieder; nimm den Frieden hinweg, und die ganze menschliche Gesellschaft geht aus den Fugen.
Die Theologen versichern, daß durch alle die Sakramente der Heilige Geist eingegossen werde. Wenn sich das wirklich so verhält, wo
bleibt denn die besondere Wirkung des Heiligen Geistes: ein Herz
und eine Seele? Wenn es nur Flunkerei ist, warum umgibt man denn
diese Dinge mit einem solchen Nimbus? Das sage ich nicht, um die
Sakramente irgendwie herunterzusetzen, sondern um den Christen
wegen ihres Verhaltens die Schamröte ins Gesicht zu treiben.

---

[52] Ap.-Gesch. 1, 4 ff.
[53] Ap.-Gesch. 4, 32.

5. Kapitel
Der Krieg zerstört die Einheit der Kirche

Wenn der Herr seinem Christenvolk den Namen Ecclesia verlieh, hat er damit etwas anderes gewollt, als daß sie zur Einmütigkeit ermahnt werde? Was ist Gemeinsames zwischen einem Kriegslager und der Kirche? Diese bedeutet Zusammenschluß, jenes Entzweiung. Wenn du dich rühmst, der Kirche anzugehören, was hast du mit dem Kriege zu tun? Wenn du aber von der Kirche losgetrennt bist, was hast du mit Christus gemein? Wenn e i n Haus alle umfaßt, wenn ihr e i n e n Herrn habt, in dem Heer des Einen kämpft, durch denselben Fahneneid geweiht an denselben Auszeichnungen euch freut, vom gleichen Solde lebt, gemeinsam nach demselben Lohne trachtet, wie geratet ihr denn so heftig aneinander? Sehen wir nicht, wie unter den Dienstkameraden, die auf Frömmigkeit gar keinen Anspruch machen, die bloß um Lohnes willen zum blutigen Handwerk zusammengekommen sind, doch größte Einigkeit besteht, aus keinem anderen Grunde, als weil sie unter demselben Zeichen Dienst tun? Die aber, welche doch ihr religiöses Bekenntnis haben, sollten diese selben Dinge, die sie gemeinsam haben, nicht aneinander ketten?

Kommt also bei all den Sakramenten nichts zustande? Die Taufe ist uns allen gemeinsam; durch sie werden wir wiedergeboren, aus der Welt herausgenommen und dem Leibe Christi eingefügt, was kann aber so sehr Einheit bewirken, wie wenn man Glied am gleichen Leibe ist? Davon heißt es: Da ist weder Knecht noch Freier, weder Barbar noch Grieche, weder Mann noch Weib, sondern alle sind einer in Christus, der alle zur Gemeinschaft zusammenschließt.[54] Die Skythen verbindet ein Tröpfchen Blutes, das jeder vom andern aus einem Becher genießt, daß sie nicht zögern, für den Freund auch in den Tod zu gehen. Den Heiden ist die Freundschaft heilig, die sie beim gemeinsamen Mahle geschlossen haben; die Christen aber vermag das Brot vom Himmel und der gesegnete Kelch nicht in der Freundschaft zu erhalten, die Christus selbst geheiligt hat, die sie täglich im Meßopfer erneuern und vergegenwärtigen? Wenn Christus damit nichts bewirkt hat, wozu dann alle diese Zeremonien?

---

[54] Gal. 3, 28.

Wenn es ihm dabei ernst gewesen ist, warum wird es von uns so wenig ernst genommen, als ob er damit nur ein Spiel und Theater im Sinn gehabt hätte? Erfrecht sich jemand, zum Tisch des Herrn, dem Sinnbild der Freundschaft, erfrecht er sich, zum Mahle des Friedens heranzutreten, der gegen Christen zum Kriege rüstet und sich anschickt, diejenigen umzubringen, für deren Leben Christus gestorben ist, das Blut derer zu vergießen, für die Christus das seinige vergossen hat?

Sind denn eure Herzen so hart wie Diamant? Sonst besteht doch in so vielen Dingen Gemeinsamkeit, und doch ist in eurem Leben so tiefer Zwiespalt. Wir stehen alle unter demselben Gesetz der Geburt, unter demselben Zwang des Alterns und Sterbens. Alle haben denselben Stammvater, denselben Religionsstifter, sind alle durch dasselbe Blut erkauft, durch dieselbe Taufe geweiht, mit demselben Sakrament gespeist, und was dadurch in uns gewirkt wird, kommt alles aus derselben Quelle, ist allen in gleicher Weise gemeinsam. Alle gehören derselben Kirche an, alle erwarten denselben Lohn. Hat nicht das himmlische Jerusalem, nach dem sich aller Christen Sehnsucht richtet, seinen Namen von jener Vision des Friedens, deren irdisches Abbild die Kirche in sich trägt? Wie kommt es, daß ein solcher Kontrast zwischen dem Vorbild und dem Abbild besteht? Hat die erfindungsreiche Natur so gar nichts zustande gebracht? Hat Christus selbst mit allen seinen Geboten, seinen Sakramenten und Symbolen sein Werk nicht vollenden können? Nach dem Sprichwort hackt keine Krähe der andern die Augen aus,[55] die Christen aber bringt weder das Gute noch das Böse zusammen.

---

[55] Das im Text des ERASMUS angeführte Sprichwort *Vel ipsa male conciliant et malos;* „sogar das Böse verbündet die Bösen" habe ich durch dieses drastischere deutsche Sprichwort wiedergegeben.

6. Kapitel
Warum wird Krieg geführt?

Was ist flüchtiger, was hinfälliger als das menschliche Leben? Wie vielen Krankheiten, wie vielen Wechselfällen ist es unterworfen! Trotzdem es schon von selbst Übel genug mit sich bringt, beschwören die Wahnsinnigen dazu noch eine weitere Menge über sich herauf. Eine solche Blindheit hat den menschlichen Geist umfangen, daß er nichts von alledem wahrnimmt. Kopfüber werden sie dahingerissen, alle Bande der Natur und Christi, alle Gemeinschaft brechen, zerschneiden und zerreißen sie; sie führen Krieg mit und ohne Unterbrechung, ohne Maß und Ziel. Volk gerät an Volk, Staat an Staat, Partei an Partei, Fürst an Fürst; sie kehren das Oberste zuunterst, bald aus Dummheit, bald aus Ehrgeiz von Kreaturen, die doch mit allem Irdischen nächstens dahinfahren.[56]

Ich will die ganze Tragödie der früheren Kriegsgeschichte übergehen und nur an die Ereignisse seit den letzten zehn Jahren erinnern. Wo in aller Welt ist nicht aufs grausamste zu Wasser und zu Lande gekämpft worden? Welche Erde ist nicht von Christenblut getränkt worden? Welches Meer, welche Flüsse sind nicht von Blut gefärbt gewesen? Welche Schmach: sie kämpfen mörderischer als Juden und Heiden, ja als reißende Tiere! So wie die Juden gegen die

---

[56] *In Duce bellum* S. 955 A führt ERASMUS aus, wie es zu dieser Degeneration nur allmählich kommen konnte; denn niemand wird plötzlich bösartig, aber auch das Scheußlichste lernt man ertragen, wenn es die Gewohnheit als erlaubt ansehen lehrt. Zuerst wehrte man die gefährlichen Bestien ab, dann machte man Jagd auf die harmlosen Tiere, bis der Mensch sich auch vor dem Angriff auf den Menschen nicht mehr scheute. „Vielleicht hätte es in unserer Hand gelegen, diesen Lastern wie dem Meer einen Damm entgegenzuwerfen; aber wenn es einmal zugelassen ist, so unterliegt es nicht mehr unserer Entscheidung, sondern stürmt nun eigenmächtig darauf los." Dann schildert er die Entwicklung des Kriegswesens. Einst fehlte auch der Wildheit nicht ein gewisser Ehrenkodex, Spuren einer früheren Humanität. Nun gilt nur noch gemeine Mordlust, alles ist ausgeartet zur Unnatur, zur Massenhaftigkeit, zur Unmenschlichkeit. „O Blindheit des menschlichen Sinnes! Niemand verwundert sich, niemand entsetzt sich! Es gibt Leute, die noch Beifall klatschen, die mit Lobsprüchen dazu hetzen, diese mehr als höllische Sache heilig nennen!" (956 E) Bitter beklagt sich ERASMUS, daß auch Theologen und Juristen zur Rechtfertigung der Kriege mithelfen, so daß „es schließlich als Ketzerei gilt, diese allerverwerflichste und unheilvollste Sache zu mißbilligen".

Ungläubigen Krieg führten, so sollten die Christen gegen die Laster kämpfen. Aber weil sie jetzt mit den Lastern wohl übereinkommen, führen sie Krieg wider die Menschen. Und doch führte die Juden ein göttlicher Befehl in den Krieg; bei den Christen aber ist es, wenn du die Masken wegreißest und die Dinge beim rechten Namen nennst, der Ehrgeiz, der sie verdreht und dahinreißt, oder der Zorn, dieser übelste Ratgeber, oder die unersättliche Habgier. Jene führten Kriege nach außen, Christen aber verbünden sich mit Türken gegen Christen.

Die heidnischen Tyrannen trieb etwa der Ehrgeiz zum Kriege; sie unterjochten immerhin barbarische und wilde Völker, aber so, daß diesen die Niederlage gar nicht so schlecht bekam und der Sieger sich um den Besiegten verdient zu machen suchte. Man machte Anstrengungen, daß der Sieg so wenig blutig als möglich ausfalle, dem Sieger der Preis der Ehrenhaftigkeit zuteil werde und dem Besiegten die Milde des Siegers zum Troste gedeihe. Jetzt aber schämt man sich, daran zu denken, aus was für schäbigen und schändlichen Ursachen christliche Fürsten den Erdkreis mit Krieg überziehen. Da ist einer, der irgendeinen fadenscheinigen oder anrüchigen Rechtstitel bald gefunden oder konstruiert hat,[57] als ob so gewaltig viel daran läge, w e r ein Reich regiert, und nicht unendlich viel mehr daran, w i e es regiert wird, nämlich zum Wohl des Ganzen. Dort beschwert sich einer, es sei in einem Vertrag mit hundert Paragraphen weiß Gott was übergangen worden. Da hat einer mit dem andern einen Privatzwist, weil er ihm die Braut weggeschnappt hat oder weil ihm ein unbedachtes Wort entfahren ist.[58] Der Gipfel verbreche-

---

[57] Fadenscheinige Gründe; das Wort *obsoletus* heißt auch: veraltet. Wahrscheinlich bezieht sich das darauf, daß König LUDWIG XII. von Frankreich seine Ansprüche auf Neapel damit begründete, daß im 13. Jahrhundert KARL V. ANJOU, der Bruder LUDWIGS IX., dieses Land den HOHENSTAUFEN entrissen hatte, und seine Ansprüche auf Mailand damit, daß seine Großmutter der Familie der VISCONTI, der Herzöge von Mailand, entstammte, obschon die weibliche Thronfolge keineswegs feststand.

[58] Bekannt ist die Heiratspolitik des Kaisers MAXIMILIAN, der es auch tatsächlich erreichte, daß sein Enkel KARL V. unter seinem Szepter Spanien, die Niederlande und Deutschland vereinigte. König KARL VIII. von Frankreich hat ihm tatsächlich seine Braut, eine englische Prinzessin, weggeschnappt und dem Kaiser seine Tochter, die dieser KARL zugedacht hatte, wieder zurückgeschickt. Diese Fami-

rischer Machenschaften ist aber erreicht, wenn Regenten überlegen, daß da, wo das Volk einig ist, ihre Macht wankt, aber da, wo es gespalten ist, feststeht, und nun raffinierterweise Leute anstiften, absichtlich Kriege anzuzetteln, um gleichzeitig die Einigkeit des Volkes zu sprengen und es dann in seinem Unglück ungenierter ausbeuten zu können. Das besorgen Verbrechernaturen, die sich aus dem Unglück des Volkes mästen und in Friedenszeiten im Staat nichts zu tun finden. Welche Wut der Hölle hat solches Gift dem Sinn eines Christen einträufeln können?! Wer hat Christen solchen Despotismus gelehrt, den weder ein *Dionysius*, noch ein *Mezentius*, noch ein *Phalaris* überhaupt gekannt hat?[59] Das sind Untiere, keine Menschen mehr, in nichts ausgezeichnet als in allen Zügen der Tyrannei, zu nichts begabt als zum Unheilstiften, einig nur, wo es den Staat ihrer Despotie zu unterwerfen gilt. Und die solches treiben, gelten als Christen und erfrechen sich, mit Menschenblut besudelt zu den heiligen Hallen, den heiligen Altären heranzutreten. O könnte man doch diese Pestilenz auf die fernsten Inseln verbannen!

Wenn die Christen Glieder an einem Leibe sind, warum freut sich da nicht jeder am Glück des andern? Nun wird es aber beinahe als triftiger Grund zum Kriege angesehen, wenn das Nachbarreich in allen Dingen in höherer Blüte steht. Um die Wahrheit zu gestehen: was hat so viele bewogen und bewegt sie noch heute, Frankreich bewaffnet anzufallen, als daß es das weitaus blühendste Land ist? Keines besitzt so ausgedehnte Gebiete, keines eine erlauchtere oberste Behörde, keines berühmtere Universitäten; nirgends findet sich eine so geschlossene Einheit und darum besitzt es so große Macht. Nirgends blühen gleicherweise die Gesetze, nirgends ist die Religion so unangefochten. Das Land ist nicht durch jüdischen Handel korrumpiert wie Italien, nicht durch die Nachbarschaft der Türken oder Mauren bedroht wie Ungarn und Spanien. Deutschland, von Böhmen ganz zu schweigen, ist unter soundso viele Duodezfürsten aufgeteilt, von Königtum ist nicht einmal ein Schein. Frankreich, wie eine unversehrte Blume mitten im Bereich der Christen-

---

liengeschichten spielen in den Kriegen zwischen den Häusern VALOIS und HABSBURG eine entscheidende Rolle.

[59] PHALARIS, DIONYSIUS, MEZENTIUS sind wegen ihrer Grausamkeit sprichwörtlich gewordene Tyrannen des Altertums; die beiden ersten regieren in Sizilien, der letzte in Etrurien.

heit, sozusagen eine sichere Burg gegen allenfalls losbrechende Stürme, ist das Ziel stets erneuter Angriffe. Mit allen Künsten sucht man Gründe, es zu bekriegen, lediglich um der Dinge willen, welche ihm die Angreifer von Herzen gönnen müßten, wenn nur eine Ader christlichen Sinnes in ihnen wäre. Aber diesen so unfrommen Unternehmungen weiß man ein frommes Mäntelchen umzuhängen. Das ist die Art, wie dem Reiche Christi der Weg gebahnt wird, welche Ungeheuerlichkeit: sie wähnen, der Christenheit gehe es übel, wenn sie nicht im schönsten und glücklichsten Stück ihres Bereiches alles zugrunde gerichtet haben!

Ist's nicht so, daß sie, wenn sie solches bewerkstelligen, die wilden Tiere an Wildheit übertreffen? Es kämpfen[60] ja gar nicht alle Tiere, und auch die Bestien kämpfen nur gegen solche anderer Art. Wir haben das ja schon erwähnt, aber man kann nicht genug davon sprechen, damit es besser in den Köpfen haftet. Die Viper beißt die Viper nicht und der Luchs zerreißt den Luchs nicht. Und schließlich, wenn sie kämpfen, so tun sie es mit ihren angeborenen Waffen, mit denen sie die Natur ausgestattet hat. Doch unsterblicher Gott! Mit was für Waffen bewaffnet die Wut die Menschen, die doch wehrlos geboren sind! Wahre Höllenmaschinen lassen Christen gegen Christen los! Wer würde glauben, daß die Kanonen von Menschen erfunden seien! Und die Tiere stürmen nicht in solchem Massenaufmarsch zum Verderben der andern vor. Wer hätte jemals beobachtet, daß zehn Löwen zum Kampf gegen zehn Stiere antraten? Aber wie oft schon sind zwanzigtausend Christen mit gezücktem Schwert gegen ebenso viele Christen losgegangen! So viel liegt ihnen daran, weh zu tun und Bruderblut in Strömen fließen zu lassen. Die Tiere führen auch nur Krieg, wenn sie der Hunger oder die Sorge für ihre Jungen zur Wut reizt. Ist aber nicht für die Christen das kleinste Unrecht genug, um einen Vorwand zum Kriege abzugeben?

---

[60] Diese Gedanken sind schon dem Altertum geläufig. Sie finden sich schon bei AUGUSTIN, *de civitate Dei* und sind nach den Forschungen von Harald FUCHS, *Augustin und der antike Friedensgedanke*, einer Schrift des römischen Philosophen TERRENTIUS VARRO, eines Zeitgenossen des AUGUSTUS, entnommen, der sie seinerseits wieder Lehren der ältern stoischen Philosophen entnimmt. Auch bei SENECA, dem Zeitgenossen des PAULUS, finden sich Gedanken, die sich mit dem, was ERASMUS hier sagt, decken, und von denen ERASMUS abhängig sein dürfte.

Wenn das gemeine Volk das täte, so könnte man es mit seiner Unwissenheit beschönigen. Wären es junge Leute, so wäre es entschuldbar, weil ihnen die Erfahrung des Alters abgeht. Wären es Gottlose, so würde dieser Umstand das Entsetzen über die Tat beträchtlich vermindern. Nun sehen wir aber, daß die Saat des Krieges am meisten von denen ausgestreut wird, durch deren Rat gerade die Volksbewegungen in Schranken gehalten werden sollten. Dieses verachtete und gemeine Volk gründet berühmte Städte, verwaltet sie und fördert so ihren Wohlstand. Aber da schleichen sich nun die Bürokraten ein, und wie Drohnen eignen sie sich das an, was fremder Fleiß geschaffen hat. Was von der Menge aufs schönste aufgespeichert worden ist, wird von den wenigen übel verschwendet. Was rechtmäßig aufgebaut ist, wird grausam niedergerissen.

Wenn die alte Geschichte vergessen ist, so soll, wer will, sich die Kriege der letzten zwölf Jahre vergegenwärtigen. Wenn er die Kriegsursachen erwägt, so wird er sehen, daß alles um der Fürsten willen unternommen, aber zum Unheil des ganzen Volkes durchgeführt worden ist, trotzdem es für diese Ursachen nicht im geringsten etwas konnte.

7. Kapitel
Wie es die Christen heute treiben

Ja, was bei den Heiden als schmählich galt, den Helm einem grauen Haupt aufzusetzen, das wird unter Christen für lobenswert gehalten. Ovid sagt: „Eine Schmach ist ein ergrauter Soldat." Es schämen sich nicht die Priester, denen Gott einst in jenem doch so blutigen und harten mosaischen Gesetz verbot, sich mit Blut zu beflecken. Es schämen sich nicht die Theologen, die zum christlichen Leben anleiten sollten, nicht die Lehrer der vollkommenen Religion. Die Bischöfe, die Kardinäle, die Stellvertreter Christi schämen sich nicht, Urheber und Anstifter dessen zu sein, was Christus über alles verabscheut hat.

Was hat die Mitra mit dem Helm zu tun, was der Krummstab mit dem Schwert, was das Evangelienbuch mit dem Schild? Wie reimt sich das zusammen, das Volk mit dem Friedensgruß zu segnen und die Welt zu den heftigsten Kämpfen aufzurufen? Mit Worten Frieden darzubieten und mit der Tat den Krieg zu entfesseln? Bringst du es fertig, mit demselben Munde Christum zu predigen und den Krieg zu preisen, in dieselbe Trompete in Gottes und in Satans Dienst zu stoßen? In der heiligen Gemeinde, die Kapuze auf dem Haupte, stachelst du das einfache Volk zum Kriege auf, das doch aus deinem Munde die Lehren des Evangeliums zu hören erwartete. Du beanspruchst die Stellvertretung der Apostel und lehrst, was den Geboten der Apostel widerstreitet. Fürchtest du nicht, daß das Wort, das von den Botschaftern Christi gesagt ist: „wie lieblich sind die Füße der Boten, die da Frieden verkünden, Heil verheißen!" umgekehrt werden könnte: „wie abscheulich sind die Zungen der Priester, die zum Kriege hetzen, zum Unheil antreiben, Verderben heraufbeschwören!"

Bei den Römern in ihrer heidnischen Frömmigkeit war es Brauch, daß der, welcher die Würde des Pontifex Maximus übernahm, den Schwur ablegte, er werde seine Hände von allem Blut rein erhalten, indem er nicht einmal für erlittene Verletzung Rache nehme. Diesen Eid hat der heidnische Kaiser *Titus Vespasianus* gewissenhaft gehalten, und dafür wird er von einem heidnischen Schriftsteller gepriesen. Aber wie ist geradezu alle Scham aus dem Tun der Menschen ausgerottet! Bei den Christen feuern die Gott geweihten Priester und die noch größere Frömmigkeit beanspruchenden Mönche den Sinn der Fürsten und der Völker zu Blutbad und Gemetzel an! Die Posaune des Evangeliums machen sie zur Posaune des Mars; aller Würde vergessend, rennen sie auf und ab; nichts ist, was sie nicht ausführten oder in den Kauf nähmen, sobald es gilt, zum Kriege zu hetzen.[61] Fürsten, die sich sonst ruhig verhalten hätten, werden zum Kriege entflammt, ausgerechnet durch die, deren Autorität die unruhigen Elemente besänftigen sollte.

Ja, das Unerhörteste: sie führen selbst Kriege, und zwar um Dinge, die sogar die heidnischen Philosophen verachtet haben, und die zu verachten apostolischen Männern noch viel näher läge. Erst wenige Jahre ist es her, seit die Welt, von einer verhängnisvollen Krankheit ergriffen, unter die Waffen stürzte, und die Verkündiger des Evangeliums, die Minoriten und Predigermönche, von den heiligen Kanzeln das Feldgeschrei anstimmten und aus eigenem Antrieb die schon zur Wut Gereizten zu noch größerer Leidenschaft entzündeten. Bei den Briten hetzten sie gegen die Franzosen, bei den Franzosen gegen die Briten, alle schürten zum Kriege, niemand rief zum Frieden auf außer dem einen und andern, den es fast den Kopf kostete, wenn er von mir nur ein Wort sagte. Da liefen die heiligen Marspriester hin und her; ihrer Würde und ihres Berufes völlig vergessend, wandten sie alle Mühe daran, die allgemeine Weltkrankheit noch zu verschlimmern, reizten bald den römischen Pontifex Julius, bald die Könige, mit dem Krieg vorwärts zu machen, gerade als ob diese noch nicht genügend von selbst schon die Besinnung verloren hätten.

Wir aber beschönigen diesen offenkundigen Wahnsinn mit allerlei volltönenden Namen. Bald sind es die altererbten väterlichen Gesetze, bald die Schriften frommer Menschen, bald die Bibelworte,

---

[61] ERASMUS denkt wohl hier an JULIUS II. und seine Kardinäle, die sich an der kriegerischen Politik dieses Papstes beteiligten, insbesondere den Walliser MATTHÄUS SCHINNER, der in jenen Jahren, als die *Querela* entstand, ein Hauptgegner der Friedenspolitik der Gönner des ERASMUS war und speziell eine antifranzösische Politik betrieb; das „auf und ab rennen" bezieht sich wohl auf die politische Betriebsamkeit dieses Kirchenfürsten. In der Widmung der *Querela* an den Bischof PHILIPP VON BURGUND spricht er von solchen, die, wie ERASMUS mit eigenen Augen sehen konnte, nichts unversucht lassen, um das schließliche Ende der Kriege zu hintertreiben und deren Gebaren ihn zur Abfassung seiner Schrift veranlaßt hat; damit ist der Kardinal SCHINNER gemeint.

die wir schamlos, um nicht zu sagen gottlos verdrehen. Schon ist es beinahe dahin gekommen, daß es für dumm und gottlos gilt, gegen den Krieg auch nur zu mucken und das zu loben, was aus Christi Mund vornehmlich Lob empfangen hat. Man kommt in den Geruch, dem Volk schlecht zu raten und den Fürsten einen üblen Dienst zu leisten, wenn man zu der allein heilsamen Sache rät und von der heillosesten abrät. Da laufen die Geistlichen den Heerlagern nach, da rücken die Bischöfe ins Feld, lassen ihre Kirche im Stich und werden Sachwalter der Göttin *Bellona*. Ja, der Krieg bringt selbst Priester, Bischöfe, Kardinäle hervor; da wird der Ehrentitel Legat für diese Nachfolger der Apostel als ihrer Würde entsprechend angesehen. Was Wunder, wenn die, welche *Mars* erzeugt hat, auch nur von *Mars* wissen wollen![62]

Um das Übel noch viel ungeheuerlicher zu machen, verdecken sie diese Gottlosigkeit mit dem Schein der Frömmigkeit: als Feldzeichen tragen sie das Kreuz.[63] Der gottlose Soldat, der für eine Handvoll Geld zur Schlachtbank, zum blutigen Gemetzel geführt wird, trägt das Kreuzzeichen voran, und zum Symbol des Krieges wird, was allein Kriegsfeindschaft lehren sollte. Was hast du mit dem Kreuze zu schaffen, du gottloser Soldat? In solcher Gesinnung, zu solchem Tun, stießen sonst Drachen, Tiger und Wölfe zusammen; hier aber haben wir es mit dem Sinnbild dessen zu tun, der nicht kämpfend, sondern sterbend gesiegt hat, der gekommen ist, Leben zu erhalten, nicht zu verderben. Dieses Zeichen sollte dir sagen, mit welchen Feinden du es zu tun hast, wenn du wirklich ein Christ bist, und auf welche Weise du zu siegen vermagst. Du trägst das Zeichen

---

[62] Auch diese Stelle bezieht sich auf SCHINNER, der wegen seiner Verdienste um die päpstliche Sache und die kriegerische Politik JULIUS II. den Kardinalshut erhielt (darum *„der Krieg bringt Kardinale hervor“*) und zum päpstlichen Legaten für Lombardei, Schweiz und Deutschland ernannt wurde; ebenso wurde General GIOVANNI VON MEDICI, der spätere LEO X., zum Kardinallegat für Bologna und Romagna ernannt.

[63] Das weiße Kreuz im roten Feld als Wappen erhielt die Schweiz für ihr von SCHINNER veranlaßtes Eintreten für die päpstliche Politik; da damals der König von Frankreich und Kaiser MAX ein Reformkonzil nach Pisa beriefen, das gegen die Päpste Stellung nahm und von JULIUS als schismatisch erklärt wurde, erschienen die Schweizer als Retter der Sache Christi. Bekannt ist, wie auch ZWINGLI damals noch Anhänger der päpstlichen und Gegner der französischen Politik war.

des Heils, indem du zum Verderben des Bruders ausziehst, und mit dem Kreuzeszeichen versehen vernichtest du den, der durch das Kreuz gerettet ist.

Was soll man dazu sagen, daß man direkt vom Geheimnis jener verehrungswürdigen heiligen Handlung – auch sie verpflanzt man ins Feld –, in der vornehmlich die christliche Gemeinschaft dargestellt wird, an die vorderste Front stürmt, und dem Bruder das mörderische Eisen in den Leib stößt! Bei dieser scheußlichsten Prozedur, an der alle Höllengeister ihre helle Freude haben, machen sie Christus zum Zuschauer – wenn er sich wirklich herbeiläßt, dabei zu sein. Der Gipfel des Widersinns aber ist das: in beiden Hauptquartieren, an beiden Fronten leuchtet das Kreuzeszeichen, wird der Dienst der heiligen Messe versehen. Merkt man diese Ungeheuerlichkeit nicht? Das Kreuz kämpft wider das Kreuz, Christus zieht wider Christus zu Felde. Sonst ist dieses Zeichen der Schrecken der Feinde Christi; warum bekämpft man nun, was man sonst verehrt? Ein Kreuz an und für sich verleiht dem Menschen noch keine Würde; es muß das eine wahre Kreuz sein.

Wie soll der Soldat bei solchen Gottesdiensten das Vaterunser beten? Du unflätiger Mund erkühnst dich, ihn Vater zu nennen, während du deinen Bruder zu erwürgen trachtest? „Geheiligt werde dein Name" – während er doch nicht schlimmer entheiligt werden kann als durch diese gegenseitigen Raufereien. „Dein Reich komme" – so betest du, während du durch Blutvergießen nur dein eigenes Reich aufrichten möchtest. „Dein Wille geschehe auf Erden wie im Himmel" – aber er will Frieden und du rüstest zum Kriege. Das tägliche Brot erbittest du von dem Vater unser aller – und verbrennst die Saaten deiner Brüder, weil du lieber durch ihre Zerstörung mit geschädigt sein willst, als daß du ihnen einen Vorteil gönnst. Wie darfst du die Bitte: „Vergib uns unsere Schulden, wie auch wir vergeben unsern Schuldnern" in den Mund nehmen, da du zum Brudermord drängst? Du bittest, daß er dich nicht in Versuchung führe, während du dich selbst in Versuchung begibst und den Bruder mit hineinziehst.

Plato sagt, der Krieg, den Griechen gegen Griechen führen, dürfe nicht Krieg, sondern müsse Aufruhr genannt werden. Sie aber nennen das gar einen heiligen Krieg, den ein Christ wider einen Christen aus einem x-beliebigen Grunde mit solchen Soldaten und solchen Waffen führt. Die Gesetze der Heiden bestimmten, daß in einen Sack eingenäht und im Fluß ertränkt würde, wer sein Schwert in Bruderblut getaucht habe. Aber sind die, welche Christus mit uns verbunden hat, etwa weniger Brüder als die, mit denen wir blutsverwandt sind? Und doch belohnt man diesen Brudermord. Für den, der Krieg führt, gibt es nur zwei traurige Möglichkeiten: siegt er, so ist er ein Brudermörder; kommt er um, so ist er nicht minder des Brudermordes schuldig, weil er ihn versucht hat.

Nichtsdestoweniger verabscheuen sie die Türken als Gottlose und Unchristen, als ob sie selbst, wenn sie solches tun, Christen wären, und als ob sie den Türken ein angenehmeres Schauspiel bereiten könnten, als wenn sie sich gegenseitig niederschießen. Man behauptet, daß die Türken den Dämonen opfern; aber wenn diesen Christen kein Opfer größere Freude macht, als wenn ein Christ den anderen abschlachtet – tust du denn etwas Besseres als sie? Denn gerade dann haben die unreinen Geister an dem zweifachen Opfer ihre Freude, wenn gleicherweise der Schlächter und der Geschlachtete ihr Opfer wird. Wenn einer Gesinnungsgenosse der Türken und Freund der Dämonen ist, dann mag er solche Opfer fleißig darbringen.

8. Kapitel
Was auf die Ausreden der Kriegsfreunde
zu antworten ist

Aber schon höre ich, was diejenigen zur Entschuldigung vorbringen, die darin zu ihrem eigenen Unheil so erfinderisch sind. Sie sagen, sie würden dazu gezwungen und würden ungern genug in den Krieg verwickelt. Aber reiße dir die Maske vom Gesicht, wasche die Schminke ab, gehe in dich, und du wirst sehen, daß dich Zorn, Ehrgeiz und Dummheit dahin getrieben haben und nicht die Notwendigkeit, es sei denn, daß du schließlich das als Notwendigkeit betrachtest, kein Gelüste unbefriedigt zu lassen. Vor dem Volk magst du prunken, aber Gott kannst du durch deine Verstellungskünste nicht zum Narren haben.

Unterdessen veranstaltet man feierliche Bittgänge, mit lauten Rufen fleht man um Frieden, ein ungeheures Geschrei geht los:

„Gib uns Frieden, wir flehen dich an, erhöre uns!"

Hat nicht Gott alles Recht, darauf zu antworten: „Was spottet ihr meiner? Mich ruft ihr an, daß ich abwehre, was ihr eigenwillig heraufbeschworen habt. Ich soll euch retten vor dem, was ihr selbst verschuldet habt?" Wenn jede Beleidigung schon genügt, Krieg zu entfesseln, wer besäße da nicht einen ausreichenden Rechtsgrund dazu? Zwischen Gatten und Gattin fällt allerlei vor, zu dem man besser ein Auge zudrückt, statt das gute Verhältnis böswillig zu sprengen; wenn aber so etwas zwischen Fürstlichkeiten passiert ist, ist es da nötig, gleich das Schwert aus der Scheide zu ziehen? Es gibt doch Gesetze, es gibt gebildete Menschen, ehrwürdige Äbte und hochwürdige Bischöfe, durch deren weisen Rat die Erregung hätte besänftigt werden können. Warum ernennt man diese nicht zu Schiedsrichtern? Man kann nicht an so ungerechte Leute[64] geraten,

---

[64] Der Gedanke der Schiedsgerichtsbarkeit begegnet bei ERASMUS wiederholt. Er erneuert ihn z. B. in einem Schreiben an FRANZ I. vom Jahre 1523. Er ist nicht neu. Schon 1307 ist er von dem französischen Juristen PIERRE DUBOIS in einer Schrift *de recuperatione terrae Sanctae*, über die Wiedergewinnung des Heiligen Landes, vertreten worden. Er entwickelt hier den Plan einer Weltregierung unter der Suprematie Frankreichs. Zu ihren wichtigsten Einrichtungen sollte ein Weltgerichtshof gehören, wo völlig unparteiische Richter alle Konflikte zwischen den Staaten schlichten sollten. Dieses Gericht sollte einen ewigen Frieden ermöglichen. Ob

daß nicht der Schiedsspruch immer noch ein geringeres Übel bedeutet als die Waffenprobe.

Ein Friede kann nicht so ungerecht sein, daß er nicht auch dem „gerechtesten" Kriege vorzuziehen wäre. Stelle einmal alle die Posten in Rechnung, die der Krieg fordert und mit sich bringt, und du wirst sehen, was für ein Gewinn dabei herausschaut. Über alles gilt die Autorität des römischen Pontifex; wenn aber die Völker und Fürsten sich in gottlosen Kriegen austoben, und zwar Jahre lang, wo bleibt da das Ansehen des Pontifex, die Macht, die derjenigen Christi am nächsten steht? Hier hätte sie in die Wagschale geworfen werden sollen – wenn sie nicht selbst von gleichen Tendenzen beherrscht würde. Ruft der Pontifex zum Kriege, dann gehorcht man freilich; ruft er aber zum Frieden, warum gehorcht man dann nicht ebenso pünktlich? Wenn wirklich Friedenswille da ist, warum hat man denn *Julius*, als er den Krieg entfachte, so freudig gehorcht, aber *Leo*, als er zu Frieden und Eintracht aufrief, hat kaum jemand Gehör geschenkt? Muß aber die Autorität des römischen Pontifex heilig gehalten werden, ist es dann nicht billig, daß sie da am meisten gelte, wo sie zu dem, was Christus einzig gelehrt hat, aufruft? Übrigens, wenn der heilige Pontifex *Leo* über die, welche *Julius* zum katastrophalen Kriege zu rufen vermochte, nicht gleiche Gewalt hat, wo er auf alle Weise zur Einigkeit ruft, so verraten sie deutlich, daß sie unter dem Vorwand kirchlicher Interessen nur ihren eigenen Begierden – um nicht noch Schärferes zu sagen – gedient haben.

ERASMUS diesen seinen Vorläufer wohl gekannt hat? Genannt hat er ihn nirgends. Und wenn er von ihm abhängig wäre, so wäre es nicht verständlich, warum er bei dem Vorschlag gelegentlicher Schiedsgerichte stehengeblieben ist und den weitergehenden Gedanken DUBOIS' von einem ständigen Schiedsgerichtshof nicht aufgenommen hat. Vgl. ELISE CONSTANTINESCU BAGDAT, *La Querela Pacis d'Erasme*, Paris 1924, S. 102 ff.

9. Kapitel
Was zum Frieden führen kann

Wenn ihr den Krieg aufrichtig verabscheut, so will ich euch einen Rat geben, wie ihr friedliches Einvernehmen zu schützen vermögt.

Ein sicherer Friede wird nicht durch Verschwägerungs- und Bündnispolitik begründet, aus der, wie wir es ja häufig sehen, Kriege entstehen. Die Quellen müssen gereinigt werden, aus denen dieses Übel entspringt. Verkehrte Begierden sind es, welche diese Konflikte gebären, wenn jeder seinen Gelüsten dient, so wird der Staat beeinträchtigt, und dabei gewinnt ja der einzelne nicht einmal das, wonach sein böser Sinn steht.

Die Fürsten sollen Regierungsweisheit besitzen, eine Weisheit, der es um das Volk und nicht um die eigene Person geht, eine wahre Weisheit, die ihre Königswürde, ihr Glück, ihren Wohlstand, ihren Glanz an dem Maßstab dessen mißt, was wahrhaft groß und vornehm macht. Sie sollen so gegen den Staat gesinnt sein wie ein Familienvater gegen seine Familie. Ein König soll sich dann für groß ansehen, wenn er über die besten Untertanen regiert; dann für glücklich, wenn er die Seinen glücklich gemacht hat; dann für erlaucht, wenn er Freien befiehlt; dann für reich, wenn sein Volk sich des Wohlstandes erfreut. Dann soll er von der Blüte seines Regimentes reden, wenn er Staaten unter sich hat, die durch dauernden Frieden blühen. Dann werden auch der Adel und die Beamtenschaft diesen Sinn des Fürsten nachahmen und alles am Wohl des Staates messen.[65] Auf diesem Weg werden sie auch am besten für ihr eigenes Wohl sorgen.

Wird ein so gesinnter Fürst sich leicht dazu bewegen lassen, aus den Seinen Geld herauszupressen, um es der barbarischen Soldateska auszuzahlen? Soll er die Seinen hungern lassen, damit sich ein paar gottlose *Condottieri* bereichern können? Wird er das Leben der Seinen so vielen Gefahren aussetzen? Ich glaube es nicht.

---

[65] Die durch Mitwirkung von Aristokratie und Demokratie gemilderte Monarchie erscheint ERASMUS als die ideale Staatsform, wie er in der *Institutio Principis* ausführt. Die Macht des Fürsten wird auf diese Weise nicht beschränkt, sondern gestärkt. ERASMUS faßt hier zusammen, was in der *Institutio* breiter ausgeführt ist.

Bei der Führung seines Regimentes soll er immer eingedenk sein, daß er als Mensch über Menschen, als Freier über Freie, schließlich als Christ über Christen gebietet. Umgekehrt soll ihm das Volk all das in die Hand geben, was er braucht, gemeinsame Wohlfahrt zu schaffen. Ein guter Fürst wird nichts anderes fordern. Wenn er aber etwas begehrt, was Unheil bedeutet, so wird ihn der einhellige Widerstand der Bürger dran hindern. Auf beiden Seiten soll man nicht den eigenen Vorteil in Rechnung stellen. Die höchste Ehre soll denen erwiesen werden, die einen Kriegsausbruch verhütet, die durch ihre Bemühungen und ihren Rat den Frieden wieder hergestellt haben.

Schließlich möge, wer auf diese Weise regiert, nicht danach trachten, daß er eine möglichst große Armee und Kriegsrüstung gewinne, sondern daß er sie gar nicht nötig habe. Diese schönste Tat soll einst unter den vielen Kaisern der eine *Diokletian* sich ausgedacht haben: wenn der Krieg nicht vermieden werden könne, ihn doch so zu führen, daß die Kriegsfolgen diejenigen am schwersten treffen, die zum Krieg Ursache gegeben haben. Heutzutage aber halten sich die kriegführenden Fürsten in Sicherheit, die Kriegsführer gedeihen, die Menge der Übel wird aber über die Bauern, über das Volk ausgeschüttet, das am Kriege gar nicht interessiert ist und in keiner Weise dazu beigetragen hat. Wo bleibt der überlegene Verstand des Fürsten, wenn er das nicht erwägt? Wo bleibt seine königliche Gesinnung, wenn er das auf die leichte Achsel nimmt?

Es müssen Mittel gefunden werden, um zu verhüten, daß die Regierungen so oft wechseln und sozusagen von einem Reich zum andern spazieren, so daß die Umwälzungen Unruhen, die Unruhen Kriege erzeugen. Das wird erreicht, wenn die Kinder der Könige innerhalb der Grenzen ihren Dienst nehmen müssen und diejenigen, die sich mit Nachbarn verheiraten, des Rechts der Erbfolge verlustig gehen. Der Fürst soll nicht das Recht haben, irgendein Stück seines Gebietes zu verkaufen oder sonst zu veräußern, als ob freie Staaten nichts anderes als privater Grundbesitz wären.[66] Denn frei sind diejenigen, über die ein König gebietet, Sklaven die, welche unter dem Joch eines Tyrannen seufzen. Durch diese Heiratspolitik geschieht

---

[66] Diese Sitte, Prinzessinnen Länder als Mitgift zu verleihen, war damals sehr im Schwange, und namentlich Kaiser MAXIMILIAN trieb solche Politik im weitgehendsten Maße. Ebenso geschah es öfters, daß Fürsten in Verträgen über die Thronfolge in ihren Ländern verfügten. Beides wirkte häufig als Kriegsursache.

es auch, daß ein in Irland Geborener plötzlich in Indien regiert oder wer eben über Syrien gebot, in Britannien[67] König wird. So geschieht es, daß keines von beiden Ländern einen richtigen Regenten besitzt, da es den frühern verloren hat und der neue, der ein im fernen Lande geborener Fremdling ist, noch gar nicht mit ihm vertraut ist. Und während er das eine Land gewinnt, erobert und seine Herrschaft darüber befestigt, erschöpft und vernichtet er das andere. Nicht selten verliert er beide, während er beide festzuhalten trachtet, da er untauglich ist, außer seinem Lande noch ein anderes zu verwalten. Es muß einmal zwischen den Herrschern vereinbart werden, welches Gebiet jeder verwalten soll, und die einmal festgelegten Grenzen zwischen den Ländern soll keine Verwandtschaft vor- oder rückwärtsschieben, sollen keine Bündnisse verrücken.

Jeder soll für sein Gebiet alle Kraft einsetzen, es soviel als möglich zur Blüte zu bringen; er soll sein Bemühen darauf konzentrieren, daß er es, mir allen Vorzügen ausgestattet, seinen Kindern hinterlasse. Sicher gelingt es auf diese Weise, solche Blüte herbeizuführen. Sie sollen sich nicht durch Heirats- und willkürliche Bündnispolitik, sondern durch aufrichtige, reine Freundschaft dazu vereinigen, in gemeinsamem, einhelligem Streben vor allem um das Heil der Menschheit sich wohl verdient zu machen. Die Thronfolge soll der erhalten, der entweder der Verwandtschaft nach der nächste ist oder durch Volksabstimmung als der geeignetste erfunden wird. Den übrigen Anwärtern soll es genügen, daß sie alle Ehren der Notabeln genießen.

Regieren heißt, keine persönlichen Liebhabereien kennen, sondern alles nach dem Maßstab des allgemeinen Wohles beurteilen. Der Herrscher soll nicht weite Reisen machen; er soll seine Reichsgrenze nicht überschreiten und sich an das altbewährte Sprichwort halten: Der Herr habe seine Augen überall.[68] Das soll er für Bereicherung halten, nicht daß er andern etwas weggenommen, sondern daß er das Eigene in bessern Stand gesetzt hat.

---

[67] Schon die *Frobensche Gesamtausgabe* von 1540 und ebenso die *Leidener Ausgabe* haben hier statt ‚Britannien': Italien.

[68] *Frons occipitio prior est*, die Stirn geht dem Hinterhaupt vor, wird in dem Sinn gebraucht, daß die Gegenwart des Herrn selbst mehr Wirkung hat als die des Verwalters. Diese Bedeutung ist in der Übersetzung frei wiedergegeben.

Drohen kriegerische Verwicklungen, so soll er sich weder mit
den Jungen beraten, die am Kriege Freude haben, weil sie sein Elend
noch nicht erfahren haben, noch mit denen, die an einer Störung der
Ruhe im Innern interessiert sind und sich vom Unglück des Volkes
nähren und mästen. Gereifte Männer vielmehr soll er zu Rate ziehen, die das Herz am rechten Flecke und einen tadellosen Ruf haben
und deren Vaterlandsliebe wohl bewährt ist. Er darf den Krieg nicht
leichtfertig nach des einen oder andern Laune in Gang setzen; denn
ist er einmal entbrannt, so ist er nicht leicht zu beenden. Seine Gefahren sind so über alle Maßen groß, daß er nur unter Zustimmung
des ganzen Volkes unternommen werden soll. Die Ursachen des
Krieges sollen zum voraus abgeschnitten werden. Zu allerlei muß
man das Auge zudrücken, Zuvorkommenheit muß wieder Zuvorkommenheit wachrufen. Nicht selten muß der Friede teuer erkauft
werden. Wenn du auf diese Weise in Berechnung gezogen hast, welche Erschöpfung der Krieg hätte bringen können und wie viele Bürger du vor dem Tode bewahrst, so wird dir der Preis, auch wenn er
recht beträchtlich ist, nicht als zu hoch erscheinen, da du doch für
den Krieg – ganz abgesehen vom Blut deiner Bürger – viel mehr hättest aufwenden müssen. Ziehe die Bilanz, wie viel Unheil du vermieden, wie viel Gutes du vor dem Verderben bewahrt hast, dann
wird dich der bezahlte Preis nicht reuen.

Mögen die *Marspriester* unterdessen auch ihr Amt versehen, so
sollen doch die Priester Gottes wahrhaft priesterlich ihres Amtes
walten, die Mönche ihres Gelübdes eingedenk sein und die Theologen das lehren, was Christi würdig ist. Alle sollen gegen den Krieg
gemeinsame Sache machen; wenn er da ist, so sollen sie Lärm schlagen; den Frieden sollen sie öffentlich und im privaten Leben preisen,
erheben und einhämmern. Wenn sie auch nicht verhindern können,
daß zur Entscheidung durch das Schwert gegriffen wird, so sollen
sie doch nicht ihre Zustimmung geben, sollen nicht dabei mitma-
chen, nicht ihre Autorität dazu hergeben, um eine so verbrecherische, zum mindesten so zweifelhafte Sache zu sanktionieren.

Den im Krieg Gefallenen sei daran genug, daß sie irgendwo außerhalb des Heiligtums eine Ruhestätte finden. Sind gute Menschen
unter ihnen – sicher sind sie eine seltene Ausnahme – so werden sie
nicht um ihren Lohn betrogen werden. Die Gottlosen aber, welche

die große Mehrzahl bilden, werden in ihrem Selbstgefühl erschüttert, wenn ihnen diese Ehrung versagt wird.

Ich rede dabei von den Kriegen, welche Christen gegen Christen führen, und zwar aus ganz nichtssagenden oder ungerechten Ursachen. Ich urteile anders, wo man ganz schlicht, in frommem Eifer den Angriff einfallender Barbaren abwehrt und für die Ruhe der Gesamtheit sein Leben einsetzt. Nun aber stellt man in den Kirchen die Trophäen aus, die getränkt sind mit dem Blute solcher, für die Christus sein Blut vergossen hat; man stellt sie zwischen die Standbilder der Apostel und Märtyrer, als ob künftig die Frömmigkeit darin bestehe, daß man nicht Märtyrer wird, sondern Märtyrer macht. Es wäre dafür reichlich Raum auf den öffentlichen Plätzen oder in irgendeinem Zeughaus; aber in heilige Gotteshäuser, die ganz und gar rein bleiben sollten, nehme man nicht auf, was mit Blut befleckt ist. [Wohl legte die antike Welt in den Tempeln die Siegesdokumente nieder; aber eben in Tempeln, wo man den Dämonen, nicht aber Gott opferte.[69]] Die Gott geweihten Priester sollten nur da zugegen sein, wo man den Krieg abwehrt. Wenn sie darin einig sind, wenn sie das überall einschärfen, so wird ihre geschlossene Autorität das größte Gewicht haben.

Wenn es eine unabwendbare Krankheit des menschlichen Geistes ist, daß er ohne Krieg gar nicht weiter bestehen kann, warum verschafft sich dieses Übel nicht eher wider die Türken Luft? Freilich wäre es auch hier besser, sie durch Belehrung, durch Wohltat, durch tadelloses Leben für die christliche Religion zu gewinnen, statt mit den Waffen auf sie loszugehen.[70] Wenn aber der Krieg, wie gesagt,

---

[69] Dieser Satz fehlt in den ältesten Drucken, begegnet aber schon in der *Frobenschen Gesamtausgabe* von 1540.

[70] *Dulce bell.* S. 966 D führt ERASMUS Bedenken gegen die Berechtigung der Türkenkriege ins Feld: „Es steht schlimm um die christliche Religion, wenn ihr Bestand von solchem Schutz abhängt. Es ist auch keine ausgemachte Sache, daß auf diesem Wege gute Christen gewonnen werden. Was durch das Schwert gewonnen wird, geht auch wieder durch das Schwert verloren. Willst du Türken zu Christus bringen, so laßt uns doch nicht mit unsern Geldmitteln, unserer Kriegsmannschaft, unseren Streitkräften aufrücken. Sie sollen bei uns nicht nur den Namen, sondern die Kennzeichen des wahren Christen schauen: ein schuldloses Leben, das Bestreben uns auch um die Feinde verdient zu machen, unüberwindliche Geduld im Ertragen des Unrechts, Verachtung des Geldes, Unempfindlichkeit dem Ruhm gegenüber, schlichte Lebenshaltung; sie sollen hören, daß unser

unvermeidlich ist, so ist doch ein solcher Türkenkrieg ein geringeres
Übel, als wenn Christen in dieser gottlosen Weise zusammenstoßen
und handgemein werden. Wenn gegenseitige Liebe sie nicht zusam-
menkittet, so wird das doch ein gemeinsamer Feind vermögen, und
es wird doch ein gemeinsame Sache machen sein,[71] wenn man schon
von wahrer Einigkeit nicht zu reden vermag.

Leben mit der himmlischen Lehre in Einklang steht. ... Ja, wenn man von Namen
und Abzeichen des Kreuzes absieht, so sind da im Grunde nur Türken, die mit
Türken fechten." In einem Brief an PAUL VOLZ vom 14. August 1518 führt ERAS-
MUS diesen Gedanken breiter aus und sagt, daß es auch Absicht seines *Enchiridion
militis christiani* gewesen sei, zum allein wirksamen Kampf gegen die Türken
durch die wahre *militia Christi* anzuleiten.
[71] Der lateinische Text braucht hier das Wort *Syncretismus* in Anspielung auf die
antike Überlieferung, daß die verschiedenen Stämme auf der Insel Kreta, so er-
bitterte Kämpfe sie einander lieferten, doch gegen gemeinsame Feinde sofort gemeinsame Sache machten und ihre Fehden zurückstellten. Die moderne Bedeutung einer Vermischung verschiedener Religionen hat das Wort ‚Syncretismus'
hier noch nicht.

10. Kapitel
Wie für den Frieden zu wirken ist

Schließlich ist schon ein gutes Stück des Friedens erreicht, wenn man von Herzen den Frieden will. Denn wem er am Herzen liegt, der wird jede Gelegenheit, die ihn fördert, ausnützen, die Hindernisse entweder für nichts achten oder sie aus der Welt schaffen und mancherlei auf sich nehmen, wenn nur das Gut des Friedens nicht angetastet wird.

Nun aber errichten sie wahre Pflanzschulen des Krieges. was zum Frieden beitragen kann, schaffen sie weg oder verstecken sie; was zum Kriege treibt, das fördern sie geflissentlich und nähren die Krebsgeschwüre. Man muß sich schämen, aufzuzählen, aus welchen Nichtigkeiten ganze Tragödien erwachsen, wie glimmende Fünkchen bewirken, daß ganze Staaten wider einander entbrennen. Dann kommt einem ein ganzer Haufe von Beleidigungen in den Sinn; jeder bauscht auf, was ihm an Übeln widerfahren sei.

Was man Gutes empfangen hat, gerät völlig in Vergessenheit, so daß du darauf schwören könntest, es sei auf Krieg abgesehen.

Wie oft ist es irgendeine persönliche Angelegenheit eines Fürsten, die die Völker unter die Waffen bringt; und doch dürfte es nur ein im allerhöchsten Grade öffentliches Interesse sein, um des willen ein Krieg unternommen wird. Nichtsdestoweniger konstruieren sie sich Gründe für die Konflikte, wo in Wirklichkeit gar kein Grund vorliegt. Sie mißbrauchen die geographischen Namen, um ihrem Haß Nahrung zu geben. Die Großen leisten dem Irrtum des dummen Volkes Vorschub zu ihrem Profit, und die Priester gehen ihnen dabei an die Hand. Der Engländer ist dem Franzosen Feind aus keinem andern Grund, als weil er Franzose ist. Der Brite ist feindselig gegen den Schotten gesinnt, einzig und allein weil er ein Schotte ist, der Deutsche ist wider den Franzosen und der Spanier wider beide. Welche Verkehrtheit: ein bloßer Ortsname bringt sie auseinander; gäbe es nicht genug Umstände, die sie zusammenbringen könnten? Du Engländer willst dem Franzosen übel – warum willst du nicht lieber als Mensch dem Menschen wohl? Warum hat ein ganz geringfügiger Umstand größere Wirkung als soundso viele Gemeinsamkeiten der Natur? Als soundso viele Bande in Christo? Der Raum kann bloß die Leiber trennen, nicht die Geister. Einst trennte der

Rhein den Franzosen vom Deutschen; aber er trennt nicht den Christen vom Christen. Die Pyrenäen scheiden wohl die Spanier von den Franzosen, aber nicht die Gemeinschaft der Kirche. Das Meer liegt zwischen Frankreich und England; aber damit ist die Glaubensgemeinschaft nicht aufgehoben.

Paulus erzürnt sich darüber, daß unter den Christen die Losung: „ich halte mich zu Apollos, ich zu Kephas, ich zu Paulus" zu hören ist, und will nicht, daß gottlose Parteinamen den Christus, der alles verbindet, zerteilen.[72] Und wir halten das Wort Vaterland für Grund genug, warum ein Volk das andere zu vernichten trachtet. Damit sind gewisse Kriegsgurgeln noch nicht zufrieden. Mit einem perversen Fleiß suchen sie nach Anlässen weiterer Spaltung. Sie zerteilen Frankreich, indem sie Teile, die weder durch Meere, noch durch Gebirge, noch durch wirkliche Landschaftsnamen geschieden sind, durch künstliche Benennungen auseinander bringen. Sie machen aus Franzosen Deutsche, damit nicht der gemeinsame Name der Freundschaft Nahrung gebe.

Wenn bei einem anrüchigen Handel, wie z. B. einer Scheidungsgeschichte, der Richter den Prozeß nur ungern annimmt und nicht jeden beliebigen Rechtsgrund gelten läßt, warum lassen sie bei der alleranrüchigsten Sache, dem Krieg, jedweden Grund, sei er auch noch so nichtssagend, gelten? Sollten sie nicht viel eher überlegen, daß, wenn der Begriff Vaterland alle die vereinigt, die von denselben Vorfahren abstammen, und wenn Blutsverwandtschaft Freundschaft bedeutet, dann tatsächlich die Welt unser aller Vaterland ist, und daß, wenn Hausgemeinschaft innigste Beziehungen knüpft, die Kirche eine Familie ist, an der gleicherweise alle teilhaben. Sollten sie nicht billig in dieser Richtung ihren Scharfsinn üben?

An deinem Schwiegervater erträgst du allerlei, weil er dein Schwiegervater ist, und du solltest nichts ertragen an dem, der durch religiöse Gemeinschaft dein Bruder ist? Du verzeihst viel der Verwandtschaft zuliebe und solltest nichts verzeihen der Religionsgemeinschaft zuliebe? Kein Band schließt doch so nahe zusammen wie die gemeinsame Nachfolge Christi. Warum schwebt uns immer nur das vor Augen, was das Gemüt verbittert? Wenn dir der Friede am Herzen liegt, so denke: hier hat der Bruder mir etwas zuleide

---

[72] 1. Kor. 1, 11 ff.

getan, aber in soundso vielen andern Fällen hat er mir etwas zuliebe getan, oder er war bei der Beleidigung von einem andern angestiftet.

Zuletzt, wenn bei *Homer* die Griechen, die sich um die Schlichtung des Streites zwischen *Agamemnon* und *Achilles* bemühen, die Gründe des Zerwürfnisses der Göttin *Ate* anheimstellen, so soll man, was unentschuldbar ist, dem Schicksal auf die Rechnung setzen oder, wenn man lieber will, irgendeinem bösen Geist, und auf ihn statt auf Menschen den Haß abwälzen.

Warum braucht man seinen Verstand viel mehr zum Verderben als dazu, das Heil zu sichern? Warum ist man viel schneller zur Stelle, wo es um Böses als wo es um Gutes geht? Wer nur ein wenig vorsichtig ist, erwägt, überlegt, schaut sich genau um, bevor er sich an ein privates Geschäft heranmacht. Aber blindlings, Hals über Kopf stürzen sie sich in den Krieg. Wie unsinnig ist das, wenn man bedenkt, daß, sobald man einmal ja dazu gesagt hat, die zwangsläufige Weiterentwicklung nicht mehr verhindert werden kann. Da wird aus einem nichtssagenden Zusammenstoß ein großer Krieg, aus ihm wächst eine ganze weitere Kette von Kriegen heraus; aus einem unblutigen Handel entsteht ein grauenhaftes Blutbad, und von dem Sturm wird nicht bloß der und jener gepackt, sondern die ganze Welt wird in Mitleidenschaft gezogen.

Wenn das Volk sich darum wenig kümmert, so wäre es doch sicher Pflicht der Fürsten und Vornehmen, das bei sich zu erwägen. Sache der Priester wäre es, das mit allen Gründen einzuschärfen und es Willigen und Widerwilligen zu Gemüte zu führen. Es bleibt doch etwas haften, auch wenn man da und dort nicht darauf hört.

11. Kapitel
Wäge zuerst die beidseitigen Chancen ab!

Du fährst in den Krieg hinein? Schaue doch zuerst, was es mit dem
Frieden für eine Bewandtnis hat und was für eine mit dem Krieg,
was jener Gutes, dieser Böses mit sich bringt. So lege dir Rechen-
schaft davon ab, ob es gut ist, den Frieden mit dem Kriegszustand
zu vertauschen.[73] Wenn es eine bewundernswerte Sache ist um ein
Reich, das in jeder Beziehung in Blüte steht mit schön angelegten
Städten, mit wohlbestellten Feldern, mit den besten Gesetzen, voller

---

[73] Eine eindrucksvolle Gegenüberstellung von Krieg und Frieden gibt ERASMUS
in *Dulce bell.* S. 957 E: „In Friedenszeit ist es nicht anders, als ob ein neuer Frühling für alle Angelegenheiten der Menschen erstrahlte. Da werden die Äcker be-
stellt, die Gärten grünen, fröhlich weidet das Vieh, Häuser sind im Bau, Städte
wachsen empor, Ruinen werden wiederaufgerichtet, die fertigen Bauten erhalten
ihren Schmuck. Der Wohlstand wächst, alle Freuden finden ihre Pflege, die Gesetze gelten, die staatliche Ordnung blüht, das Feuer der Religion brennt hell und
warm, Billigkeit steht hoch im Kurs und Menschlichkeit ist eine Macht, Kunst
und Gewerbe gedeihen, die Armen haben reichlicheren Verdienst und glänzen-
der ist die Lebenshaltung der Reichen. In Blüte entfaltet sich das Studium der
Wissenschaften, die Jugend wird recht gebildet, die Greise genießen ihren Feier-
abend in Ruhe, mit freudigen Aussichten machen die Jungfrauen Hochzeit, man
beglückwünscht, die einem Knaben das Leben gaben – doch plötzlich bricht der
wilde Kriegssturm herein – o unsterblicher Gott, was für ein unabsehbares Meer
von Übeln überschwemmt und bedeckt alles! Da werden die Zugtiere requiriert,
die Saaten zerstampft, die Bauern niedergestoßen, die Städte in Brand gesteckt,
und Staaten, die in soundsoviel Jahrhunderten zur höchsten Blüte emporge-
wachsen waren, werden durch den einen Sturm zuoberst zuunterst gekehrt. Wieviel leichter ist es doch, weh als wohl zu tun! Der Wohlstand der Bürger wird
von verruchten Räubern und Messerhelden hinweggetragen. Traurig stehen die
Häuser, von Angst, Trauer, Jammer und Wehklagen ist alles erfüllt. Die werktä-
tige Kunst friert ein, die Armen müssen entweder hungern oder zu unwürdigen
Künsten ihre Zuflucht nehmen. Die Reichen beweinen die geplünderte Habe
oder zittern um das, was ihnen geblieben, so oder so Jammergestalten. Jungfrauen gibt es keine mehr, oder traurig wie ein Leichenmahl ist ihre Hochzeit.
Trostlos siechen daheim die Frauen dahin, die Gesetze schweigen, die Menschlichkeit wird verhöhnt, die Gerechtigkeit hat keine Stätte, die Religion ist zum
Gespött geworden, kein Unterschied ist mehr zwischen heiligen und unheiligen
Orten. An allen Lastern geht die Jugend zugrunde, trübselige Greise jammern,
daß sie solange leben müssen. Nichts gelten mehr die edlen Studien. Ja mehr Unheil erfahren wir im Krieg, als irgend eine Rede, geschweige denn die meine,
aussprechen kann."

Ehrbarkeit, Zucht und altgeheiligten Sitten, so bedenke: dieses Glück geht in Trümmer, wenn ich Krieg führe. Umgekehrt: wenn du je schon in Trümmern liegende Städte, zerstörte Dörfer, verbrannte Kirchen, verheerte Saaten gesehen und diesen Anblick in seiner ganzen Erbarmungswürdigkeit ins Auge gefaßt hast, so bedenke: so sieht die Frucht des Krieges aus. Wenn du es für ein Unglück ansiehst, die Verbrecherbande gemieteter Söldner in deinem Land sich zusammenrotten zu sehen, daß sie sich vom Unglück deiner Bürger nähren, nach ihrer Pfeife zu tanzen und ihnen schmeicheln zu müssen, ihrer Willkür dich und deine ganze Existenz anzuvertrauen,[74] so bedenke: das alles bedeutet der Kriegszustand. Wenn du Räubereien verabscheust, so bedenke: dazu ist der Krieg die beste Schule. Wenn dich Brudermord entsetzt – dazu erzieht der Krieg. Denn wie sollte der Hemmungen empfinden, einen Menschen umzubringen, der für einen geringen Sold Menschen im großen Stil umbringt![75]

Wenn einem Staat nichts Schlimmeres geschehen kann, als daß die Gesetze der Nichtachtung verfallen – hat nicht der Spruch recht, der sagt: „Unter den Waffen schweigen die Gesetze?" Wenn du Ehebruch, Blutschande und Schlimmeres scheußlich findest – der Krieg ist der Lehrmeister aller dieser Dinge. Wenn religiöse Gleichgültigkeit und Gottlosigkeit die Wurzel aller Übel ist, so hat sie ihren Nährboden vor allem in den Kriegsstürmen. Wenn es um einen Staat da am schlimmsten steht, wo die schlechtesten Menschen die

---

[74] *Dulce bell.* S. 958 B: Die Kriege könnten schließlich ertragen werden, wenn sie uns nur unglücklich und nicht auch bösartig und gottlos machten, wenn der Friede uns bloß glücklicher und nicht auch besser werden ließe.

[75] Das Söldnerwesen war seit dem 14. Jahrhundert aufgekommen und an Stelle der alten Heeresfolge getreten. So entstand das Soldatenhandwerk, das um des Verdienstes willen geübt wurde; man focht nicht mehr auf Grund einer sittlichen Verpflichtung, sondern einer rein geschäftlichen Vereinbarung. Weil dieses sittliche Moment fehlte, löste sich auch Ehrgefühl und Zucht auf. Ausbleiben oder auch nur Verzögerung der Soldzahlung führte zu wilder Meuterei, und oft suchten sich dann die Söldner durch Plünderung der Bevölkerung schadlos zu halten. So kommt es, daß der Fürst, der sie anwirbt, leicht in eine unwürdige Abhängigkeit von ihnen gerät. Da Friedenszeit für sie Arbeitslosigkeit bedeutet und sie nun auf Bettel oder Raub angewiesen sind, bilden sie eine stete Kriegsgefahr und spielen sie eine ähnliche Rolle wie heute die Munitionsindustrie mit ihrem kapitalistischen Interesse am Krieg. Daraus ist es zu verstehen, daß Erasmus die Soldaten als Verbrecherbande bezeichnet und es da und dort als selbstverständlich voraussetzt, daß der Soldat zur Hölle fahre.

größte Macht ausüben – im Kriege führen die größten Verbrecher das Regiment, in ihm blüht der Weizen derjenigen, die man im Frieden aufhängt. Wer wird besser die Truppen über unwegsame Pfade führen können, als der routinierte Räuber? Wer wird besser die Heiligtümer erstürmen und die Kirchen plündern als der Einbrecher und der Heiligtumschänder? Wer wird den Feind erbitterter niederstoßen und mit dem Schwert besser den Lebensnerv treffen als der Mordbube und Berufsmörder? Wer ist geschickter, Brand an die Städte oder die Befestigungen anzulegen als der Brandstifter? Wer wird die Hindernisse von Flüssen und Meeren leichter überwinden als der Pirat, der darin auf täglichen Beutezügen Gewandtheit erworben hat?

Willst du klar sehen, was für eine gottlose Sache der Krieg ist, so fasse ins Auge, was für Leute ihn führen. Wenn einem gottesfürchtigen Fürsten nichts heiliger sein darf als der Schutz seiner Untertanen, so muß ihm vor allem andern der Krieg verhaßt sein. Wenn es eines Fürsten Glück ist, über glückliche Untertanen zu gebieten, so muß es ihm in allererster Linie am Frieden gelegen sein. Wenn ein guter Fürst vor allem den Wunsch haben muß, über die bestmöglichen Untertanen zu herrschen, so muß er zu allererst den Krieg verabscheuen, aus dem sich die trübe Flut der Gottlosigkeit ergießt. Wenn er Wohlhabenheit seiner Bürger als seinen eigenen Wohlstand betrachtet, so muß er Verhütung des Krieges mit allen Mitteln erstreben; denn auch im günstigsten Fall reibt er aller Kräfte auf, und was durch ehrbares Gewerbe geschaffen worden ist, muß ja in ihm für ein paar große Henkersknechte verbraucht werden.

Das muß man immer wieder in Erwägung ziehen, daß jedem s e i n e Sache am meisten schmeichelt und jeden s e i n e Hoffnung lockt, in Wirklichkeit aber es oft um die Sache am schlimmsten steht, die dem Beteiligten am gerechtesten vorkommt; wie leicht verfällt man solcher Täuschung! Aber nimm nun einmal an, es handle sich um die allergerechteste Sache und der Krieg nehme den glücklichsten Ausgang, ziehe die Bilanz zwischen den Nachteilen, die mit der Kriegführung verbunden waren und allen Vorteilen, die dir aus dem Sieg erwachsen, und dann prüfe, ob er sich gelohnt hat! Es kommt ja kaum vor, daß man einen unblutigen Sieg davonträgt. Du mußt es in den Kauf nehmen, daß sich die Deinen mit Blut beflecken. Berechne dazu die Einbuße an Moral und Zucht, die du durch

keinen Profit wieder ersetzen kannst. Du erschöpfst den Staats-
schatz, du saugst das Volk aus, du legst den Guten eine schwere Last
auf, du setzest die Bösen in Aktion, und wenn der Krieg selbst zu
Ende ist, so sind die Kriegsfolgen noch lange nicht außer Wirkung
gesetzt. Die Künste zerfallen, der Handel stockt; um über den Feind
die Sperre zu verhängen, mußt du dich zuerst selbst aus soundso
vielen Gegenden aussperren lassen. Vor dem Krieg gehörten die
Nachbarländer auch dir; denn durch den Austausch schafft der
Friede gemeinsamen Besitz. Nun aber schau' hin, was du angerich-
tet hast: jetzt gehört ja kaum dir selbst, was doch deiner Botmäßig-
keit untersteht.

Wie vieler Belagerungsmaschinen und Zeltlager bedarfst du, um
ein unbedeutendes Städtchen einzuäschern! Eine ganze nachge-
machte Stadt mußt du errichten, um eine wirkliche zu erobern, und
hättest billiger eine neue aufbauen können! Damit der Feind nicht
aus seiner Stadt herauskann, mußt du aus deiner Heimat ausziehen
und unter freiem Himmel übernachten. Es hätte weniger gekostet,
neue Mauern aufzuführen, als die stehenden mit Maschinen nieder-
zureißen. Dabei will ich gar nicht in Rechnung ziehen, was für Sum-
men in die Taschen derer fließen, die da Rechnungen stellen und
einkassieren, was für ein Vermögen den Heerführern in die Hand
fällt – ihr Anteil wird sicher nicht zu verachten sein, wenn du alle
diese Posten in ihrem richtigen Wert einsetzest, so wirst du zu dem
Ergebnis kommen, daß du mit dem zehnten Teil der Kosten den
Frieden hättest erkaufen können. Wenn das nicht stimmt, so will ich
mich gern ins Pfefferland verwünschen lassen![76]

Aber es kommt dir vor, es sei kein Zeichen heldischer Gesinnung, wenn du ein Unrecht unvergolten lässest. Das Gegenteil ist
wahr: nichts ist so das Zeichen eines niedrigen, ganz und gar nicht
vornehmen Charakters, wie Rache zu üben. Du meinst, daß du ein
wesentliches Stück deiner Ehre preisgebest, wenn du im Handel mit
einem Nachbarfürsten – vielleicht ist er mit dir verwandt oder ver-
schwägert, vielleicht hat er sich schon um dich hoch verdient

---

[76] *Dulce bellum* S. 958 E: Wenn es im Krieg glücklich abläuft – o ihr Götter, was
heißt da glücklich? – so kommt es nur wenigen und erst noch Unwürdigen zu-
gute ... Ich weiß nicht, ob jemals ein Krieg so glücklich geendet hat, daß nicht
auch der Sieger, falls er noch ein Herz im Leibe hat, bereuen müßte, ihn unternommen zu haben.

gemacht – auf irgend etwas, bei dem du im Rechte bist, verzichtest, wieviel tiefer erniedrigst du dich doch, wenn du mit barbarischen Kriegerscharen, dem schlimmsten Abschaum der Verbrecherwelt, voll unersättlicher Geldgier um Geld feilschen mußt und gezwungen bist, deine Gesandten zu irgendeinem Volk von niederträchtigen und bösartigen Halbwilden[77] bitten und betteln zu schicken, wenn du dein eigenes Haupt und das Heil der Deinen denen blindlings anvertrauen mußt, denen nichts wert noch heilig ist. Wenn es also scheint, daß du bei der Entscheidung für den Frieden irgendein Unrecht in den Kauf nehmen mußt, so bitte ich dich, zu bedenken: das und das verliere ich, aber das ist auch der Preis für den Frieden.

Nun sagt aber irgendein Schläuling: „Ich würde es ohne Umstände hergeben, wenn es bloß mich persönlich anginge. Aber nun bin ich Fürst und muß wohl oder übel für das öffentliche Wohl handeln". Aber wer nur auf das Wohl des Ganzen schaut, der wird gerade nicht leichthin in einen Krieg eintreten. Und im Widerspruch zu dieser Entschuldigung sehen wir in den weitaus meisten Fällen Kriege gerade aus solchen Ursachen entstehen, die das Volk ja gar nicht berühren. Du willst diesen oder jenen Gebietsteil gewinnen – was hat das mit den Interessen des Volkes zu tun? Du willst Revanche üben, weil einer die Hand deiner Tochter verschmäht hat – was geht das den Staat an?[78]

Diese Fragen richtig erwägen und durchschauen macht den weisen und wahrhaft großen Herrscher aus. Wer hat jemals über ein größeres Gebiet oder mit größerem Glanz regiert als *Octavianus Augustus*? Er hatte den Wunsch, das Regiment niederlegen zu können, wenn er einen Herrscher gefunden hätte, der das Wohl des Staates besser gewährleisten würde. Und mit Recht ist von berühmten Schriftstellern jener Ausspruch eines Kaisers gepriesen worden: „Möchten meine Söhne sterben, wenn es einen andern gibt, der für das Wohl des Staates förderlicher regieren würde!" Solche Gesinnung haben dem Staat gegenüber Menschen an den Tag gelegt, die, vom christlichen Standpunkt aus betrachtet, keine Frommen waren.

---

[77] Im lateinischen Text sind hier als Typus eines solchen Volkes die *Carer* genannt, eine kleinasiatische Völkerschaft, die als besonders barbarisch galt; wir würden in diesem Sinn etwa *Kaffern* oder *Hottentotten* nennen.

[78] Auch diese Stelle bezieht sich auf den Heiratshandel zwischen Kaiser MAXIMILIAN und König KARL VIII. von Frankreich; vgl. Anmerkung 58 (→S. 61-61).

Christliche Fürsten aber lassen ihrem christlichen Volke gegenüber so sehr alle Achtung und Rücksicht missen, daß sie sich nicht scheuen, nur um ihre Begierden oder Rachegelüste zu stillen, die ganze Welt in fürchterlichsten Brand zu setzen.

Schon höre ich einige, welche die Sache so zu drehen wissen, daß sie erklären, es gebe für sie keine Sicherheit, wenn sie nicht die Macht der Bösen mit aller rücksichtslosen Schärfe gebrochen hätten.[79] Warum sind aus der langen Reihe der römischen Kaiser einzig die beiden *Antonine, Pius* und der Philosoph[80], nicht angegriffen worden? Aus welchem andern Grunde als deshalb, weil keiner sicherer regiert, als wer jederzeit auf die Herrschaft zu verzichten bereit ist, weil es ihm um den Staat zu tun ist und nicht um die eigene Person.

Wenn nichts anderes euch bewegt, weder das natürliche Gefühl, noch die fromme Scheu, noch der Gedanke an so großes Unheil, so sollte doch die Furcht, dem christlichen Namen Schande zu bereiten, euern Sinn zum Frieden bewegen. Ein wie großer Teil der Erde ist in christlichem Besitz! Und diese Christenheit ist ja die Stadt auf

---

[79] In *Dulce bell.* S. 964 E erörtert ERASMUS auch die heute viel gehörte Begründung, wer das Recht wolle, müsse auch den Krieg wollen. „Aber, sagen sie, wenn es erlaubt ist, einen Verbrecher mit dem Tode zu bestrafen, so darf man auch einen Staat durch Krieg strafen." Diese Frage ist so kompliziert, daß man sie nicht im Handumdrehen lösen kann. Das möchte ich nur sagen: Der Unterschied liegt darin, daß der vom Gericht Verurteilte Strafe erleidet nach der Rechtsordnung; im Krieg behandelt jede Partei die andere als die schuldige. Dort trifft die Strafe nur den Rechtsbrecher, das abschreckende Beispiel aber gilt allen; hier trifft der größte Teil der Übel diejenigen, die es am wenigsten verdient haben: Bauern, Greise, Mütter, Kinder, Jungfrauen … Dort wird der eine nicht verschont, damit dem Heil aller gedient werde; hier wird, was einem oder wenigen zugestoßen ist, in der Weise vergolten, daß vielen Tausenden, die nichts dafür können, grausames Unrecht getan wird. Es ist besser, daß das Unrecht von wenigen straflos ausgehe, als daß wir, um den einen oder andern zur unsichern Bestrafung zu ziehen, unsere eigenen Leute und die Nachbarn und die unschuldigen Feinde – wenn wir sie so nennen wollen – ins sichere Unglück stürzen. … Wenn jemand sagt, es sei unrecht, einen Sünder nicht zu bestrafen, so entgegne ich: es ist noch viel ungerechter, soviel tausend Unschuldige in ein unverdientes Unglück zu treiben. Aber heutzutage entstehen ja die meisten Kriege, ich weiß nicht aus was für Vorwänden, aus fürstlicher Bündnispolitik oder dem Wunsch, eine Stadt ihrem Gebiete einzuverleiben."

[80] ANTONINUS PIUS (138–161) und MARCUS AURELIUS (161–180).

dem Berge, ein Schauspiel für Gott und Menschen![81] Was für Gefühle werden aber erweckt, was für Reden heraufbeschworen, was für Schmähungen werden gegen den Christennamen von seinen Feinden hervorgebracht, wenn man sieht, daß Christen in dieser Weise sich miteinander herumzanken, aus geringfügigeren Gründen als die Heiden, grausamer, mit noch furchtbareren Zerstörungsmitteln als die Gottlosen. Wessen Erfindung ist die Kanone? Doch sicher von Christen. Der größte Unfug aber ist der, daß ihnen Namen von Aposteln beigelegt, daß ihnen Bilder dieser heiligen Männer eingraviert werden. Kann man sich einen grausameren Hohn denken, als daß Paulus, der unermüdliche Mahner zum Frieden, mit einer solchen Höllenmaschine auf Christen zielen soll! Wenn es unser Wunsch ist, Türken zum christlichen Glauben zu bekehren, so seien wir doch selbst erst Christen! Daß wir das sind, werden sie niemals glauben, wenn sie den Eindruck gewinnen, daß das, was Christus über alles verabscheut hat, ausgerechnet bei den Christen am meisten im Schwange gehe; und entsprechen diesem Eindruck nicht vollauf die Tatsachen?

Der alte Heide *Homer* wundert sich darüber, daß alle angenehmen Dinge: Schlafen, Essen, Trinken, Tanz, Musik schließlich verleiden, des unglückseligen Krieges die Menschen aber nie satt werden. Das sagt er von den Heiden; aber am meisten trifft es auf die zu, denen als Christen nur schon das Wort ‚Krieg‘ aufs äußerste verhaßt sein sollte. Trotz der unaufhörlich wütenden Kriegslust des alten Rom war doch der Janustempel von Zeit zu Zeit geschlossen.[82] Schickt es sich da, daß es bei uns für das Kriegführen keine Ferien gibt? Dürft ihr die Predigt des Friedefürsten Christus in eurem Munde führen, die ihr in ewigen Kriegen gegen einander wütet? Habt ihr keine Vorstellung davon, wie sehr eure Zwietracht die Türken siegesgewiß macht? Denn nichts ist leichter als Uneinige zu besiegen. Wollt ihr Furcht einflößen?

So werdet einig!

Warum bringt ihr euch aus freien Stücken um die Freuden des gegenwärtigen Lebens und wollt zudem der künftigen Seligkeit

---

[81] Matth. 5, 14; 1. Kor. 4, 9.

[82] Der Janustempel in Rom war geöffnet, solange die Römer irgendwo Krieg führten und wurde nur geschlossen, wenn an allen Grenzen des Römischen Reiches Friede herrschte.

verlustig gehen? Mit wie vielen Übeln ist das Leben der Sterblichen von selbst schon belastet! Aber ein großer Teil der Last wird weggenommen, wenn man in gegenseitiger Hilfeleistung einander tröstet, und soviel man vermag, abnimmt. Was uns an Gutem zufällt, das macht die Einigkeit noch wohltuender, das hat noch größere, verbindende Kraft, wenn es der Freund mit dem Freunde teilt und der Gütige dem Gütigen Mitfreude entgegenbringt. Wie geringfügig ist das, worum ihr aneinander geratet, und wie schnell fährt es dahin! Der Tod ist doch allen gewiß, den Königen nicht weniger als dem gemeinen Volk. Was für einen Lärm macht doch dieses winzige Geschöpflein, das sich doch bald wie ein Rauch auflöst! Außerhalb dieses Lebens dehnt sich die Ewigkeit – lohnt es da die Mühe, für diese Schattendinge sich so aufzuregen, als ob dieses Leben unsterblich wäre?

O die Bedauernswerten, die an das selige Leben der Frommen nicht glauben noch darauf hoffen! Schamlose Frechlinge aber sind, die sich vorspiegeln, durch den Krieg dorthin zu gelangen, während doch dieses Ziel nichts anderes bedeutet als die unaussprechliche Gemeinschaft der seligen Geister, wo in vollem Maße sich das verwirklicht, um das Christus so inbrünstig zum himmlischen Vater gebetet hat: daß sie so vereinigt würden, wie er mit dem himmlischen Vater.[83] Wie könnt ihr zu dieser höchsten Gemeinschaft taugen, wenn ihr nicht jetzt schon, jeder nach seiner besten Kraft, euer Trachten darauf richtet? Wie nicht plötzlich aus einem unflätigen Prasser ein Engel wird, so auch nicht aus einem blutdürstigen Haudegen ein Genosse der Märtyrer und Seligen.

---

[83] Joh. 17, 22.

12. Kapitel
Appell an alle Verantwortlichen

Ei, ist nicht schon genug und übergenug Christenblut geflossen –
wenn's auch bloß Menschenblut ist, ist es etwa weniger schlimm?
Genug ist zum gegenseitigen Verderben gewütet, genug Opfer sind
für die Furien und den Orkus geopfert, genug der Tragödien zur
Augenweide der Türken aufgeführt worden. Schaut doch endlich
einmal auf das schon viel zu lange geduldete Elend der Kriege zurück! Der bisherige Wahnsinn mag auf die Rechnung des Schicksals
gesetzt werden; nun sollen die Christen den Entschluß fassen, den
einst auch Heiden gefaßt haben: unter das Vergangene einen Strich
zu ziehen! Jetzt aber verlegt euch auf gemeinsame Beratung zur Verwirklichung des Friedens. Setzt euch dafür ein, daß er nicht nur
durch Fäden aus Werg, sondern durch unzerreißbare, diamantharte
Bande zusammengehalten wird.

An euch appelliere ich, ihr Fürsten, von deren Wink die Angelegenheiten der Sterblichen abhängen, die ihr das Abbild der Herrschaft Christi auf Erden darstellt: erkennet die Stimme eures Königs,
der euch zum Frieden ruft! Hört, wie der ganze Erdkreis, erschöpft
von unaufhörlichem Elend, euch darum anfleht. Und wo noch irgendein Schmerz jemand drückt, da ist es billig, Befreiung davon zu
gewähren, damit das Glück allen blühe. Die Sache, um die es geht,
ist zu groß, als daß man aus einem geringfügigen Grunde dabei zögern dürfte.

An euch appelliere ich, ihr Gott geweihten Priester: ihr wißt
wohl, was Gott wohlgefällig ist; wendet alle Mühe daran, es zu ver-
wirklichen! Was ihm aber am meisten verhaßt ist, das treibt aus! An
euch appelliere ich, ihr Theologen, verkündet das Evangelium des
Friedens, daß es laut in die Ohren des ganzen Volkes hineintöne! An
euch appelliere ich, ihr Bischöfe und übrigen hohen Würdenträger
der Kirche, werft eure Autorität in die Wagschale, um den Frieden
mit ewigen Banden herbeizuzwingen!

An euch appelliere ich, ihr Obrigkeiten und Herren, daß ihr euern Willen der Weisheit der Könige, der Frömmigkeit der Priester
zur Verfügung stellt!

An euch alle insgesamt appelliere ich, die ihr Christi Namen
tragt: einmütigen Sinnes richtet euer Streben dahin! Zeigt, wieviel

die Einigkeit der Menge gegen die Tyrannei der Mächtigen vermag!
Dazu sollen alle gleicherweise ihren Beitrag leisten. Alle, die schon
die Natur in so vielen Dingen zur Interessengemeinschaft verbunden, die Christus zu noch tieferer Gemeinschaft zusammengeschlos-
sen hat, soll die Gemeinschaft im Ewigen verbinden. In gemeinsamem Einsatz der Kräfte sollen alle für das einstehen, was gleicherweise das Glück aller ausmacht. Alles lädt dazu ein: zuerst der innere Sinn der Natur; ebenso das, was man die Humanität nennt; zu-
meist aber der Fürst und Stifter alles menschlichen Glückes, Christus. Alle Segnungen des Friedens, alle Leiden des Krieges laden
dazu ein.

Dazu ruft ja auch der Sinn der Fürsten, die schon, sozusagen unter göttlicher Inspiration, zur Eintracht bereit sind. Seht, da hat der
friedfertige und sanftmütige *Leo* für alle das Panier aufgerichtet, indem er zum Frieden einlud und sich so wahrhaft als Statthalter
Christi bewährte! Wenn ihr wirklich seine Schafe seid, so folgt eurem Hirten! Wenn seine Söhne, so hört auf euren Vater.[84]

Dazu ruft auf der nicht nur dem Titel nach allerchristlichste König von Frankreich,[85] *Franz*, der kein Bedenken trägt, für den Frieden
alles aufzuwenden, der nicht nur an sein Königtum denkt, sondern
allein an das allgemeine Wohl, und der auf diese Weise lehrt, daß
darin der wahre Glanz der Königswürde besteht, sich um die
Menschheit wohl verdient zu machen.

---

[84] Dieselbe Huldigung an Papst LEO X. findet sich auch in den Schlußausführun-
gen von *Dulce bellum:* „Wie von einer göttlichen Stimme wurde er mit Namen
herbeigerufen, um der von langem Kriegssturm ermüdeten Menschheit Hilfe zu
bringen". Er wird zu seinem kriegerischen Vorgänger JULIUS II. in Gegensatz gestellt. Freilich sind da die Ausführungen im Vergleich zum ‚*Julius exclusus'* (siehe
geschichtliche Einleitung →S. 27-28) sehr gemäßigt: „Wenn Julius Kriegsruhm
erworben hat, so wollen wir ihm seine prächtigen Triumphe gönnen. Ob sich das
für einen christlichen Pontifex gebührt, das darzulegen, ist nicht meine Sache.
Nur das will ich sagen: sein Ruhm, wie es auch damit stehen mag, ist mit Schmerz
und Untergang von Unzähligen verbunden gewesen. Viel wahreren Ruhm wird
unserm Leo der aller Welt wieder geschenkte Friede verschaffen als dem Julius
die Kriege, mit denen er die ganze Erde überzogen hat, seien sie auch noch so
tapfer unternommen und noch so glücklich geführt worden". Man vergleiche die
geschichtliche Einleitung →S. 35-36.
[85] „*Allerchristlichster König*" ist der alte Titel der französischen Könige, zuerst 1469
vom Papst in einem Schreiben König LUDWIG XI. beigelegt.

Dazu ruft auf der erlauchte Herrscher *Carolus*, das edle junge Blut; auch der Kaiser *Max* ist nicht abgeneigt, noch der rühmlich bekannte König *Heinrich von England*. Es ist billig, daß das Beispiel so großer Fürsten von den andern willig nachgeahmt wird.

Der größte Teil des Volkes verabscheut den Krieg und betet um den Frieden. Nur ganz wenige, deren gottloses Glück von dem Unglück der Gesamtheit genährt wird, wünschen den Krieg. Ob es billig ist, daß ihr verbrecherischer Wille größeres Gewicht habe als der Wille aller Guten, das entscheidet selbst! Ihr habt gesehen, wie durch die Bündnispolitik bisher nichts erreicht, durch die Heiratspolitik nichts vorwärts gebracht worden ist; ebensowenig durch Gewalt- und Revanche-Politik. Nun zeigt dieser Gefahr gegenüber, was die Versöhnlichkeit, was die wohlwollende Güte vermag. Krieg streut die Saat des Krieges, Revanche ruft wieder der Revanche. Nun soll Vergebung wieder Vergebung zeugen, Wohltat die Wohltat stützen, und als der Königlichste soll der gelten, der am meisten von seinen Rechten drangegeben hat.

Erfolg hatte nicht das, was durch menschliche Bemühungen geleistet wurde. Der Herr Christus aber möge alle die Beratungen segnen, die aus seinen Impulsen und in seinem Namen unternommen und gefördert wurden. Er wird ihnen zur Rechten stehen, er wird sie inspirieren; er wird seine Gunst denen schenken, welche die Sache begünstigen, die er selbst am meisten begünstigt. Alle privaten Liebhabereien soll das gemeinsame Wohl überwinden. Freilich, sobald das den Ausschlag gibt, ist auch für das Glück jedes einzelnen besser gesorgt. Die Herrschaft der Fürsten wird erlauchter sein, wenn sie über fromme und glückliche Untertanen regieren, so daß sie mehr durch die Gesetze als durch die Waffen ihre Herrschaft ausüben. Da besitzt der Adel größere und vornehmere Würde, die Priester amten in friedlicher Ungestörtheit, das Volk genießt seinen Wohlstand in Ruhe und seine Ruhe in Wohlstand, und der Name Christi hält die Feinde des Kreuzes in Schranken. Dann wird jeder dem andern und alle allen lieb und wert sein, und sie werden über alles Christus wohlgefällig sein, dem zu gefallen höchste Seligkeit ist.

Erasmus-Statue an der Kathedrale von Canterbury

Aufnahme von Jonathan Cardy, 2015
common.wikimedia.org

ANHANG

Erasmus von Rotterdam über den Krieg

(Aus dem Fürstenspiegel | Institutio Principis Christiani)[1]
Die Menschheit, Jahrgang 1925

ENGELHARD EISENTRAUT

Dem einerseits schwärmerisch vergötterten, andererseits maßlos ver-
ketzerten Humanitätsfürsten Erasmus von Rotterdam (1466-1536)
wird neben seinen großen Verdiensten, die er sich als Theolog und
Philolog um die geistliche und weltliche Bildung seines Zeitalters er-
warb, auch für alle Zeiten der Ruhm eines der größten Friedens-
freunde aller Zeiten gewahrt werden müssen. Mehr als alle seine Zeitgenossen sucht er trotz aller Misserfolge in stets freudigem Optimismus im Namen der Humanität und des Evangeliums den Krieg als
den Inbegriff aller physischen und moralischen Übel aus der Menschheit zu verbannen. In seinen zahlreichen Schriften benützt er jede Gelegenheit, den Monarchen das Gewissen zu schärfen und die öffentliche Meinung in seinem Sinne zu beeinflussen. Zum Teil ist es natür-
lich Veranlagung, die sich vor jeder Gewalttat, vor Rohheit und Grausamkeit entsetzt, zum Teil die Erkenntnis, dass die christliche Lehre,
die ihm als die *philosophia codestis* gilt, diesen Standpunkt fordere, was
ihn zum folgerichtigen und begeisterten Pazifisten macht. Er ist nicht
pessimistisch, dass er von vornherein an der Verwirklichung des Pro-
gramms der Bergpredigt verzweifelte, sondern glaubt ehrlich an die
Möglichkeit einer Durchdringung der Welt mit dem Grundsatz des
Evangeliums Christi. Ein praktisch-ethisches Christentum ist ja in erster Linie sein Ideal.

Ex professo kommt Erasmus im letzten Abschnitt seines Fürsten-
spiegels *„Institutio Principis Christiani"* [1516] auf den Krieg zu sprechen. Er führt hier folgende Gedanken aus:

Wenn der Fürst nirgends übereilt handeln darf, dann muss er besonders da, wo es sich um einen Krieg handelt, zögernd und umsich-
tig vorgehen. Wenn andere Dinge wieder andere Nachteile im Gefol-

---

[1] Textquelle | D. ENGELHARD EISENTRAUT (Privatdozent Würzburg): Erasmus von
Rotterdam über den Krieg. In: Die Menschheit, 12. Jg., Nr. 15 vom 10. April 1925,
S. 96 ff. [Textarchiv: Helmut Donat, Bremen].

ge haben, so entsteht aus dem Krieg auf einmal Schiffbruch an allen Gütern, bricht aus ihm ein großes Meer von Übeln hervor. Ferner ist kein Übel hartnäckiger. Ein Krieg folgt dem anderen, einem winzigen ein gewaltiger, einem einzigen ein doppelter, einem harmlosen ein ernster und blutiger; und das anderswo entstandene Kriegsunheil pflanzt sich auch zu den nächsten Nachbarn, ja sogar zu weit entlegenen Völkern fort. Ein guter Fürst wird überhaupt keinen Krieg anfangen, außer, wenn er nach allen sonstigen Versuchen in keiner Weise zu vermeiden ist. Sind wir so gesinnt, so wird kaum jemals ein Krieg ausbrechen. Wenn aber dieses Unheil nicht zu vermeiden ist, dann wird es die Hauptsorge des Fürsten sein, den Krieg so zu führen, das seine Leute möglichst wenig Schaden leiden und möglichst wenig Christenblut vergossen wird, wie auch ihn so rasch als möglich zu beendigen. In erster Linie erwäge ein echt christlicher Fürst, welcher Unterschied zwischen dem Menschen, einem für den Frieden und das Wohlwollen bestimmten Wesen, und den wilden Tieren, die zum Beutemachen und Krieg bestimmt sind, obwaltet; ferner, welcher Unterschied zwischen einem Menschen und einem Christenmenschen besteht. Dann bedenke er, welch erstrebenswerte, ehrenvolle und heilsame Sache der Friede und umgekehrt, eine wie zugleich verderbliche und verbrecherische Sache der Krieg ist und welches Heer von allerlei Übeln er nach sich zieht, mag er noch so gerecht sein, wenn man überhaupt einen Krieg gerecht nennen darf. Endlich schalte er alle Affekte aus und lasse nur für kurze Zeit die Vernunft Ratgeberin sein, bis er recht überschlagen hat, was der Krieg kosten wird und ob das durch den Krieg letzten Endes erstrebte Ziel so viel wert sei, selbst wenn der Sieg als sicher erscheint, der nicht immer der besten Sache zuteil zu werden pflegt. Man erwäge die Sorgen, die Kosten, die Gefahren: die lästige und langwierige Rüstung. Man muss die barbarische Hefe von ganz verbrecherischen Menschen zu Hilfe rufen, und während der Fürst gegen Seinesgleichen mutig-stolz erscheinen will, sieht er sich gezwungen, selbst mit Geld dem Söldner zu schmeicheln und zu dienen. Und doch gibt es keine verworfenere und abscheulichere Menschenklasse. Nichts darf dem guten Fürsten mehr am Herzen liegen, als dass seine Untertanen möglichst gut sind. Welche Sittenverderbnis aber wäre gewaltiger und näherliegend als der Krieg? Nichts ist dem Fürsten mehr erwünscht, als dass es seinen Untertanen gut geht, als dass sie durchaus in günstigen Verhältnissen leben. Doch während er Krieg zu führen lernt, sieht er sich gezwungen, die junge Mannschaft so vielen Gefahren preiszugeben, und macht oft in einer Stunde die Menschen zu so vielen Waisen, zu so vielen Witwen, zu so vielen kinderlosen Alten, zu so vielen Bettlern, zu so vielen Unglücklichen. Allzu teuer wird der Welt die Weisheit der Fürsten zu stehen kommen, wenn sie fortfahren, durch Erfahrung zu lernen, welch schreckliche Sache der Krieg ist. Im Alter mag der Fürst einmal sagen: „Ich hätte nicht geglaubt, dass der Krieg eine so verheerende Sache sei." Allein – heiliger Gott! – mit wie vielen Übeln für die ganze Welt hast du diesen Satz gelehrt! Wirst du einmal einsehen, wie unnütz es war, die Reichsgrenzen erweitert zu haben, […] dass das, was anfänglich als Gewinn erschien, tatsächlich der schwerste Verlust war? Doch inzwischen sind so viele Tausende von Menschen getötet oder niedergebeugt worden. Das sollte man lieber aus den Büchern, aus der Erzählung der älteren Generation und aus den Gefahren der Nachbarn (als durch Erfahrung) lernen.

Plato nennt es Aufruhr, nicht Krieg, so oft Griechen gegen Griechen Krieg führten, und will, wenn sich einmal ein Krieg ereignet, er möglichst maßvoll geführt werde. Mit welchem Namen also soll man es bezeichnen, wenn Christen gegen Christen das Schwert zücken, Leute, die doch durch so zahlreiche Bande miteinander verbunden sind. Wie aber, wenn der Krieg aus irgendeinem Grund wie persönlichem Hass oder törichtem, jugendlichem Ehrgeiz aufs Grausamste geführt und auf lange Jahre ausgedehnt wird? Manche Fürsten suchen ihr Vorgehen durch folgende Erwägung zu rechtfertigen: Irgendein Krieg ist gerecht, und ich habe gerechten Anlass ihn anzufangen. Allein fürs erste ist die Frage, ob überhaupt ein Krieg gerecht ist. Wem aber scheint seine Sache nicht gerecht? Und wem könnte unter so vielen Veränderungen und Wechselfällen der menschlichen Verhältnisse unter so vielen Verträgen und Bündnissen, die jetzt geschlossen und dann wieder gelöst werden, ein Titel fehlen, wenn jeder beliebige Titel zur Erregung eines Krieges genügt?

Doch, so wendet man ein, die päpstlichen Gesetze verwerfen nicht jeden Krieg. Auch Augustinus billigt ihn irgendwo. Auch der hl. Bernhard lobt manche Soldaten. Indes Christus selber, Petrus und Paulus lehren überall das Gegenteil. Warum gilt ihr Ansehen bei uns weniger als das des Augustinus und des Bernhard? Augustinus hat an der einen oder anderen Stelle den Krieg nicht missbilligt. Doch die gesamte Philosophie Christi widerrät den Krieg. Die Apostel missbilligen ihn überall. Und jene heiligen Lehrer, von denen an der einen oder anderen Stelle der Krieg gebilligt werden soll, missbilligen ihn selber an zahlreichen Stellen und verabscheuen ihn. Manche Künste werden wegen ihrer allzu nahen Verwandtschaft mit dem Betrug, und weil sie meistens unter Anwendung von List ausgeübt werden, durch die Gesetze verboten. Dahin gehören Astrologie und Alchemie, die verboten sind, selbst wenn sie manchmal recht gebraucht werden. Mit weit größerem Rechte müssten auch die Kriege unter dieses Verbot fallen; denn, wenn auch einmal einer gerecht sein mag, so wird sich doch, wie nun einmal die menschlichen Verhältnisse sind, nicht leicht einer entdecken lassen, dessen Veranlassung nicht Ehrgeiz, Zorn, Rohheit, Gier oder Habsucht wäre. Es ist keine seltene Erscheinung, dass Fürsten, deren Verschwendungssucht ihr Vermögen nicht genügt, absichtlich einen Krieg entfachen, um selbst unter Plünderung ihrer Untertanen ihren privaten Verhältnissen aufzuhelfen. Es kommt auch manchmal vor, dass Fürsten im geheimen Einverständnis miteinander unter scheinbaren Titeln Krieg führen, um die Kräfte des Volkes zu schwächen und durch die öffentlichen Übel ihre Stellung zu festigen. Deshalb muss ein guter christlicher Fürst jeden, wenn auch noch so gerechten Krieg für verdächtig halten. Meistens ist ja doch das angebliche Recht des Fürsten seine Privatsache. Was geht das aber das gesamte Volk an? Ein guter Fürst bemisst alles nach der öffentlichen Wohlfahrt: sonst ist er nicht einmal ein Fürst. Er hat nicht dasselbe Recht auf die Menschen wie auf das liebe Vieh. Ein guter Teil der Herrschaft beruht auf Übereinstimmung des Volkes. Das war die erste Veranlassung zur Aufstellung von Königen. Warum wendet man sich in einem Konfliktfall unter Fürsten nicht lieber an ein Schiedsgericht, an Bischöfe, Äbte, gelehrte Männer, angesehene Behörden, durch deren Spruch die Sache geziemender beigelegt würde als durch Blutvergießen, Plünderung und Unglück? Weise Fürsten geben bisweilen eine Sache lieber preis, als sie mit Gewalt zu verfolgen. Weil sie erkennen, dass dies der geringere Verlust ist.

Auf den Einwand, dass nichts mehr sicher sei, wenn niemand sein Recht verfolge, erwidert Erasmus, man möge es immerhin verfolgen, wenn es dem Staate zum Nutzen gereicht, nur dürfe den Bürgern der Rechtsanspruch des Fürsten (heute des Staates – Redaktion [*Die Menschheit*]) nicht zu hoch zu stehen kommen. Wie kann übrigens irgendwo etwas sicher sein, wenn jemand sein Recht leidenschaftlich verfolgt? Wir sehen einen Krieg aus dem andern entstehen, einen dem anderen folgen und der Unruhe kein Maß und Ziel gesetzt.

Daher muss man andere Mittel versuchen. Auch unter lieben Freunden gibt der eine dem andern manchmal nach, um das Band der Freundschaft zu erhalten, der Gatte sieht ab und zu der Gattin etwas nach, um die Eintracht nicht zu zerstören. Krieg erzeugt nur Krieg, aber feines Wesen ladet zu feinem Wesen ein und Billigkeit zu Billigkeit. Auch der Gedanke soll seinen Eindruck auf einen frommen und milden Fürsten nicht verhehlen, dass von den unermesslichen Übeln, die jeder Krieg mit sich bringt, der größte Teil diejenigen trifft, welche nichts mit ihm zu tun haben und dieses Unglück durchaus nicht verdienen. Sodann frage er sich, ob er allein, und zwar als Christ, die Verantwortung für so viel Menschenblut, so viele Witwen, so viele Trauerhäuser, so viele kinderlose alte Leute, so viele unverdient Darbende, eine solche Verderbnis der Sitten, der Gesetze und der Frömmigkeit auf sich nehmen will. Der Fürst kann nicht an seinen Feinden Rache nehmen, ohne zuvor an seinen Untertanen durch Beraubung und Vertreibung feindselig gehandelt zu haben. Und oft wird Schlimmeres gegen die eigenen Volksgenossen als gegen die Feinde unternommen.

Es ist schwieriger, aber auch schöner, eine prächtige Stadt zu erbauen, als sie zu zerstören. Der Fürst strebe nach unblutigem und fleckenlosem Ruhme. Im Kriege ist, so gut die Sache auch gehen mag, das Glück der einen Partei das Verderben der anderen. Oft muss auch der Sieger den zu teuer erstandenen Sieg beklagen. Wenn die Liebe oder das Unglück der Welt uns nicht bewegt, so bewege uns wenigstens die Ehre des christlichen Namens! Was werden die Türken und Sarazenen über uns sagen, wenn sie sehen, dass seit Jahrhunderten so wenig Einigkeit unter den christlichen Fürsten, so wenig Friede trotz aller Bündnisse, kein Maß im Blutvergießen, mehr Unruhe unter den Christen als unter den Heiden existiert? Das kurze menschliche Leben ist sowieso schon mit Leid gesättigt; es bedarf durchaus nicht noch der Kriege, aus denen mehr Unheil als aus allen anderen menschlichen Unglücksfällen erwächst.

Aufgabe der Prediger wäre es, die Neigung zu Zerwürfnissen aus dem Herzen des gemeinen Volkes zu reißen. Nun ist es die Regel, dass der Engländer den Franzosen hasst, nur weil er ein Franzose ist, der Schotte den Engländer, der Italiener den Deutschen, der Schweizer den Schwaben usw. Eine Gegend ist der anderen, eine Stadt der anderen verhasst. Warum ziehen uns diese törichten Namen in höherem Grade auseinander, als uns der allen gemeinsame Christenname verbindet? Zugestanden, es gäbe einen gerechten Krieg, so wäre es doch angesichts der unseligen Leidenschaft aller Menschen für dieses Unheil Pflicht der Klugheit für die Priester, Volk und Fürsten zu anderer Gesinnung zu bringen. Stattdessen müssen wir es erleben, dass diese manchmal zu Kriegsfackeln werden. Bischöfe schämen sich nicht, sich in Kriegslagern aufzuhalten. Dort befindet sich das Kreuz und der Leib Christi; mit einer mehr als höllischen Sache vermischen sich die himmlischen Geheimnisse, und Symbole der höchsten Liebe wendet man bei solch' blutigen Zerwürfnissen an! Was aber die Sache noch toller macht, in beiderseitigen Lagern ist Christus zugegen und kämpft so gleichsam gegen sich selbst. War es nicht genug, den Krieg unter Christen zu tolerieren, dass man ihm auch noch die höchste Ehre erweisen musste? Wenn nicht die ganze Lehre Christi durchweg gegen den Krieg ist, wenn man auch nur einen Mann namenhaft machen kann, der um des Krieges willen (in der Bibel) gepriesen wird, dann mögen wir Christen Krieg führen! Es war den Hebräern gestattet, Krieg zu führen, aber nur nach Befragung Gottes. Unser Orakel dagegen, das beständig in den Evangelien ertönt, schreckt vom Kriege ab, und doch führen wir unsinnigen Krieg als jene. David war wegen anderer Vorzüge Gott angenehm, und doch ließ sich Gott von ihm keinen Tempel bauen aus dem einzigen Grund, weil er ein Blutmann, d. h. ein Kriegsmann war. Zu diesem Werke ersah er den friedliebenden Salomon aus. Wenn das unter Juden geschah, was soll dann aus uns Christen werden? Jene hatten nur einen Schatten von Salomon, wir aber haben den wirklichen Salomon, den friedliebenden Christus, der alles versöhnt, was im Himmel und was auf Erden ist.

Selbst dem Türkenkrieg gegenüber mahnt Erasmus zur Vorsicht. Christi Herrschaft sei auf ganz andere Weise entstanden, ausgebreitet und befestigt worden. Unter dem Vorwande eines Glaubenskrieges sei das christliche Volk schon oft ausgeplündert worden und doch weiter nichts geschehen. Handle es sich dabei um die Sache des Glaubens, so werde dieser durch das Martyrium, aber nicht durch Kriegsheere verbreitet und verherrlicht. Geht aber der Kampf um Herrschaft und Besitz, so ist dabei von Christentum wenig zu spüren. Ja, wie jetzt diejenigen sind, durch welche derartige Kriege geführt werden, wird es eher geschehen, dass wir zu Türken, als dass sie durch uns zu Christen werden. Sorgen wir zuerst dafür, dass wir selber echte Christen sind, dann mögen wir, wenn es gut dünkt, die Türken angreifen!

Zum Schlusse mahnt Erasmus die christlichen Fürsten, alle erdichteten Gründe und geschminkten Vorwürfe beiseite zu lassen und ernstlich und aufrichtig darauf hinzuarbeiten, dass die lange dauernde und hässliche Kriegswut unter Christen aufhöre und unter denen, welche durch so viele Pfänder verbunden sind, Friede und Eintracht Platz greife. Zu diesem Zwecke sollen sie ihren Geist entfalten, ihre Kräfte entwickeln, ihre Pläne gestalten und alle ihre Nerven anstrengen. Wer das Bedürfnis hat, für groß zu gelten, wird sich auf diese Weise als groß bewähren. Wer das tut, vollbringt eine glänzendere Tat, als wenn er ganz Afrika mit Waffengewalt unterwürfe. Es wird auch gar nicht so schwer sein, wenn man aufhört seiner eigenen Sache zu schmeicheln, wenn man seine privaten Neigungen beiseiteschiebt und sich um die allgemeine Sache kümmert, wenn man Christus zu Rate zieht und nicht die Welt. Allein indem jeder seine eigene Sache betreibt, indem Päpste und Bischöfe um ihre Herrschaft und Macht in Angst sind, indem die Fürsten sich von Ehrgeiz oder Zorn hinreißen lassen, indem alle diesen Leidenschaften frönen, um sich zu entschädigen, geraten wir unter Führung der Torheit in diese Stürme der Verhältnisse hinein. Würden wir nach gemeinsamem Plane die gemeinsame Sache betreiben, so würden auch die Privatverhältnisse des Einzelnen in größerer Blüte stehen. So aber geht auch das zugrunde, um was allein wir mit dem Schwerte streiten.

Erasmus von Rotterdam

Radierung von Hieronymus Hopfer (1500–1563)
commons.wikimedia.org

Größe und Grenzen des Humanismus

Über Erasmus von Rotterdam[1]
(1934)

STEFAN ZWEIG

In der Zeit zwischen seinem vierzigsten und fünfzigsten Jahr erreicht Erasmus von Rotterdam den Zenit seines Ruhms: seit Hunderten Jahren hat Europa keinen Größeren gekannt. Kein Name eines Zeitgenossen, nicht jener Dürers, Raffaels, Lionardos, Paracelsus' oder Michelangelos wird in jenen Tagen im geistigen Kosmos mit gleicher Ehrfurcht genannt, keines Schriftstellers Werke sind in so zahllosen Ausgaben verbreitet, kein moralisches oder künstlerisches Ansehen kann sich dem seinen vergleichen. Erasmus: das bedeutet für das beginnende sechzehnte Jahrhundert den Inbegriff des Weisen schlechthin, *„optimum et maximum"*, das denkbar Beste und denkbar Höchste, wie Melanchthon in seinem lateinischen Lobgesang rühmt, die unwiderlegliche Autorität in wissenschaftlichen, in dichterischen, in weltlichen und geistigen Dingen. Man preist ihn bald als *„doctor universalis"*, bald als „Fürsten der Wissenschaft", als den „Vater der Studien" und „den Beschützer der ehrlichen Theologie", man nennt ihn „das Licht der Welt" oder „die Pythia des Abendlandes", *„vir incomparabilis et doctorum phoenix"*. Kein Lob ist für ihn zu groß. „Erasmus", schreibt Mutian, „erhebt sich über Menschenmaß. Er ist göttlich und in frommer Andacht zu verehren wie ein himmlisches Wesen", und Camerarius, ein anderer Humanist, berichtet: „Jeder bewundert, verherrlicht, preist ihn, der nicht als Fremdling im Reich der Musen gelten will. Kann einer einen Brief von ihm entlocken, so ist sein Ruhm ungeheuer und er feiert den herrlichsten Triumph. Wer ihn aber sprechen durfte, der ist selig auf Erden."

In der Tat: ein Wettlauf hat begonnen um die Gunst des vor kurzem noch unbekannten Gelehrten, der bislang mühsam mit Dedikationen, Stundengeben und Bettelbriefen sein Leben fristete, der mit

---

[1] Textquelle (Buchauszug) | Stefan ZWEIG: Triumph und Tragik des Erasmus von Rotterdam. Wien: Herbert Reichner Verlag 1935, S. 93-121.

erniedrigenden Schmeicheleien sich von den Mächtigen magere
Pfründen herauskalfakterte – jetzt werben die Mächtigen um ihn, und
allemal ist es ein Schauspiel, glorreich zu sehen, wenn irdische Gewalt und Geld dem Geiste zu dienen genötigt sind. Kaiser und Könige, Fürsten und Herzöge, Minister und Gelehrte, Päpste und Präla-
ten wetteifern in Untertänigkeit um des Erasmus Gunst: Kaiser Karl,
der Herr beider Welten, bietet ihm eine Stelle in seinem Rat, Heinrich
VIII. will ihn nach England, Ferdinand von Österreich nach Wien,
Franz I. nach Paris ziehen, aus Holland, Brabant, Ungarn, Polen und
Portugal kommen die lockendsten Anträge, fünf Universitäten streiten um die Ehre, ihm einen Lehrstuhl zu verleihen, drei Päpste schreiben ihm ehrfürchtige Briefe. In seiner Stube häufen sich die freiwilli-
gen Tribute reicher Verehrer, goldene Becher und silbernes Geschirr,
Fuhren Weins werden gesendet und wertvolle Bücher, alles lockt, alles ruft ihn an, um mit seinem Ruhm den eigenen zu mehren. Erasmus aber, klug und skeptisch zugleich, nimmt all diese Gaben und
Ehren höflich entgegen. Er läßt sich beschenken, er läßt sich loben
und rühmen, gerne sogar und mit unverhohlenem Wohlbehagen,
aber er verkauft sich nicht. Er läßt sich dienen, aber er übernimmt nie-
mandes Dienst, unerschütterlicher Vorkämpfer jener innern Freiheit
und Unbestechlichkeit des Künstlers, die er als notwendige Vorbedingung jeder moralischen Wirkung erkannt hat. Er weiß, daß er für
sich allein am stärksten bleibt, und welche überflüssige Torheit wäre
es auch, wollte er seinem Ruhm von Hof zu Hof nachwandern, statt
ihn wie einen Stern leuchtend und ruhig über sein eigenes Haus zu
stellen. Erasmus braucht längst niemandem mehr nachzureisen, denn
alles reist zu ihm, Basel wird durch seine Anwesenheit eine Residenz,
ein geistiger Mittelpunkt der Welt. Kein Fürst, kein Gelehrter, kein
Mann, der auf Ansehen hält, versäumt es, auf der Durchreise dem
großen Weisen seine Reverenz zu erweisen, denn Erasmus gespro-
chen zu haben, gilt allgemach schon als eine Art kulturellen Ritter-
schlags und ein Besuch bei ihm (so wie im achtzehnten Jahrhundert
bei Voltaire, im neunzehnten bei Goethe) als die sinnfälligste Ehr-
furchtsbezeigung vor dem symbolischen Träger der unsichtbaren
geistigen Macht. Um ein Signum von seiner Hand in ihr Stammbuch
zu erhalten, pilgern hohe Adelige und Gelehrte viele Tage weit; ein
Kardinal, Neffe des Papstes, der dreimal vergeblich Erasmus zu Tisch
gebeten, fühlt sich, als dieser seine Einladung ablehnt, nicht entwür-
digt, ihn seinerseits in der schmutzigen Druckstube Frobens aufzusu-

chen. Jeder Brief, den Erasmus schreibt, wird vom Empfänger in Brokat eingeschlagen und vor ehrfürchtigen Freunden wie eine Reliquie enthüllt, eine Empfehlung gar des Meisters öffnet als Sesam alle Türen, – nie hat ein einzelner Mensch, nicht Goethe und kaum Voltaire, eine solche weltgebietende Macht in Europa bloß kraft seines geistigen Daseins besessen. Von unserer Zeit her gesehen ist diese überragende Stellung des Erasmus zunächst weder aus seinem Werk noch aus seinem Wesen vollkommen verständlich; wir erblicken in ihm heute einen klugen, humanen, einen vielseitigen und vielförmigen, einen anregenden und anziehenden, aber keinen hinreißenden und weltumformenden Geist. Aber Erasmus war für sein Jahrhundert mehr als eine literarische Erscheinung, er wurde und war der symbolische Ausdruck seiner geheimsten geistigen Sehnsucht. Jede Epoche, die sich erneuern will, projiziert ihr Ideal zunächst in eine Gestalt, immer wählt sich der Zeitgeist, um sein eigenes Wesen selber sinnfällig zu begreifen, einen Menschen als Typus, und indem er dieses einzelne und oft zufällige Individuum weit über sein Maß erhebt, enthusiasmiert er sich gewissermaßen für den eigenen Enthusiasmus. Neue Gefühle und Gedanken sind immer nur einem auserlesenen Kreise verständlich, die breite Masse vermag sie in abstrakter Form niemals zu erfassen, sondern ausschließlich sinnlich und anthropomorph; darum setzt sie gerne an die Stelle der Idee einen Menschen, ein Bild, ein Vor-Bild, dem sie sich gläubig nachzubilden sucht. Dieser Zeitwunsch prägt sich für eine kurze Spanne in Erasmus vollkommen aus, denn der *„uomo universale"*, der Nichteinseitige, der Vielwissende, frei in die Zukunft Blickende ist der Idealtypus des neuen Geschlechts geworden. Im Humanismus feiert die Zeit ihren eigenen Denkmut und ihre neue Hoffnung. Zum erstenmal wird geistige Gewalt der bloß ererbten und überlieferten vorangestellt, und wie stark, wie schnell diese Umwertung sich durchsetzt, beweist die Tatsache, daß die alten Machtträger sich selbst freiwillig den neuen unterordnen. Es ist nur Symbol, wenn Karl V. zum Schrecken seiner Höflinge sich bückt, um dem Hirtensohn Tizian einen herabgefallenen Pinsel aufzuheben, wenn der Papst, gehorsam Michelangelos grobem Befehl, die Sixtina verläßt, um den Meister nicht zu stören, wenn die Prinzen und Bischöfe statt Waffen plötzlich Bücher und Bilder und Handschriften sammeln; unbewußt kapitulieren sie damit vor der Erkenntnis, daß die Macht des schöpferischen Geistes im Abendlande die Herrschaft angetreten hat und daß die künstlerischen Schöpfungen die kriegerischen und politischen Zeitbauten zu überdauern bestimmt sind. Zum erstenmal sieht Europa seinen Sinn und seine Sendung in der Vorherrschaft des Geistes, im Aufbau einer einheitlichen abendländischen Zivilisation, in einer vorbildlich schaffenden Weltkultur.

Für diese neue Gesinnung wählt sich die Zeit Erasmus zum Bannerträger. Als den *„antibarbarus"*, den Bekämpfer aller Rückständigkeit, alles Traditionalismus, als den Verkünder einer erhobeneren, freieren und humaneren Menschlichkeit, als den Wegweiser eines kommenden Weltbürgertums stellt sie ihn allen anderen voran. Wir von heute allerdings empfinden das Verwegen-Suchende, das Großartig-Ringende, das Faustische jenes Jahrhunderts in einem andern tieferen Typus des *„uomo universale"* unendlich großartiger ausgeprägt, in Lionardo und Paracelsus. Aber gerade, was im letzten der Größe des Erasmus Abbruch tut, seine klare (oft allzu durchsichtige) Verständlichkeit, sein Sichbegnügen mit dem Erkennbaren, sein verbindlich urbanes Wesen, machte damals sein Glück. Und instinktiv wählte die Zeit richtig: jede Welterneuerung, jede völlige Umpflügung versucht es zunächst mit den gemäßigten Reformatoren statt mit den rabiaten Revolutionären, und in Erasmus sieht die Zeit das Symbol der still, aber unaufhaltsam wirkenden Vernunft. Einen wunderbaren Augenblick lang ist Europa einig in dem humanistischen Wunschtraum einer einheitlichen Zivilisation, die mit einer Weltsprache, einer Weltreligion, einer Weltkultur der uralten, verhängnisvollen Zwietracht ein Ende machen sollte, und dieser unvergeßliche Versuch bleibt denkwürdig gebunden an die Gestalt und den Namen des Erasmus von Rotterdam. Denn seine Ideen, Wünsche und Träume haben für eine Weltstunde Europa beherrscht, und es ist sein und zugleich unser Verhängnis, daß dieser reingeistige Wille zur endgültigen Einigung und Befriedung des Abendlands nur ein rasch vergessenes Zwischenspiel blieb in der mit Blut geschriebenen Tragödie unseres allgemeinsamen Vaterlands.

Dieses Imperium des Erasmus, das zum erstenmal – denkwürdige Stunde! – alle Länder, Völker und Sprachen Europas umfaßte, war eine milde Herrschaft. Weil gewaltlos errungen, einzig durch die werbende und überzeugende Kraft geistiger Leistung, verabscheut der Humanismus jede Gewalt. Weil einzig *per acclamationem* erwählt, übt Erasmus keinerlei rechthaberische Diktatur. Freiwilligkeit und innere Freiheit sind die Staatsgrundgesetze seines unsichtbaren Rei-

106

ches. Nicht mit Unduldsamkeit, wie vordem die Fürsten und die Religionen, will die erasmische Geisteshaltung die Menschen ihrem humanistischen und humanitären Ideal untertänig machen, sondern wie ein offenes Licht das im Dunkel sich herumtreibende Getier in seine reine Sphäre lockt, sanft überzeugend die noch Unwissenden und Abseitigen in ihre Klarheit ziehen. Der Humanismus ist nicht imperialistisch gesinnt, er kennt keine Feinde und will keine Knechte. Wer dem erlesenen Kreise nicht angehören will, möge außen bleiben, man zwingt ihn nicht, man nötigt ihn nicht gewaltsam in dieses neue Ideal; jede Unduldsamkeit – die ja immer einem innern Unverstehen entstammt – ist dieser Lehre der Weltverständigung fremd. Aber anderseits wird niemandem der Zutritt in diese neue geistige Gilde versagt. Humanist kann jeder werden, der nach Bildung und Kultur Verlangen trägt; jeder Mensch jeden Standes, Mann oder Frau, Ritter oder Priester, König oder Kaufmann, Laie oder Mönch hat Zutritt zu dieser freien Gemeinschaft, an keinen wird die Frage nach Herkunft aus Rasse und Klasse, nach Zugehörigkeit zu Sprache oder Nation gestellt. Damit erscheint ein neuer Begriff im europäischen Gedanken: der übernationale. Die Sprachen, die bisher die undurchdringliche Scheidewand zwischen den Menschen waren, sollen nicht länger die Völker trennen: eine Brücke wird geschlagen zwischen ihnen allen durch die Gemeinschaftssprache des allgültigen humanistischen Lateins, und ebenso soll das Vaterlandsideal als ein unzulängliches, weil zu enges Ideal, überwunden werden durch das europäische, das übernationale Ideal. „Die ganze Welt ist ein gemeinsames Vaterland", proklamiert Erasmus in seiner *„Querela pacis"*, und von dieser überragenden Stufe europäischer Schau scheint ihm die mörderische Zwietracht der Nationen, jede Gehässigkeit zwischen Engländern, Deutschen und Franzosen ein Widersinn: „Warumb zertrennen uns alle diese närrischen Namen mehr, denn uns der Name Christi vereint?" Alle diese Zwistigkeiten innerhalb Europas sind für den humanistisch gesinnten Menschen nichts anderes als Mißverständnisse, verschuldet durch ein zu geringes Verstehen, durch eine zu geringe Bildung, und die Aufgabe des kommenden Europäers soll es werden, statt auf die eitlen Ansprüche der Duodezfürsten, der Sektenfanatiker, der Nationalegoisten sich gefühlsmäßig einzulassen, immer das Bindende und Verbindende zu betonen, das Europäische über dem Nationalen, das Allmenschliche über dem Vaterländischen, und den Begriff der Christenheit als einer bloßen Religionsgemeinschaft zu verwandeln in den einer universalen Christlichkeit, einer hingegeben dienenden und demütigen Menschheitsliebe. Die erasmische Idee zielt also höher als auf eine bloße kosmopolitische Gemeinschaft, in ihr wirkt bereits ein entschlossener Wille zu einer neuen geistigen Einheitsform des Abendlands. Zwar hatten vordem schon einzelne Menschen eine Vereinheitlichung Europas versucht, die römischen Cäsaren, Karl der Große, und später wird es Napoleon tun, aber mit Feuer und Eisen hatten diese Autokraten getrachtet, die Völker und Staaten zusammenzuschließen, mit dem Hammer der Gewalt hatte die Faust des Eroberers die schwächeren Reiche zertrümmert, um sie den stärkeren zu verketten. Bei Erasmus aber – entscheidender Unterschied! – erscheint Europa als eine moralische Idee, als eine vollkommen unegoistische und geistige Forderung; mit ihm beginnt jenes noch heute nicht erfüllte Postulat der vereinigten Staaten Europas im Zeichen einer gemeinsamen Kultur und Zivilisation.

Die selbstverständliche Vorbedingung für Erasmus, den Vorkämpfer dieser und aller Verständigungsideen, ist die Ausschaltung jeder Gewalt und insbesondere die Abschaffung des Krieges, dieses „Schiffbruchs aller guten Ding". Erasmus ist als der erste literarische Theoretiker des Pazifismus zu betrachten; nicht weniger als fünf Schriften hat er in einer Zeit fortwährender Kriege gegen den Krieg geschrieben; 1504 die Aufforderung an Philipp den Schönen, 1514 jene an den Bischof von Cambrai, „sie möchten sich als christliche Fürsten, um Christi willen des Friedens annehmen", 1515 in den *„Adagia"* den berühmten Aufsatz mit dem ewig wahren Titel: *„Dulce bellum inexpertis"* („nur denen, die ihn nicht erfahren haben, scheint der Krieg schön"). 1516 spricht er in seiner „Unterweisung eines frommen und christlichen Fürsten" den jungen Kaiser Karl V. mahnend an, und schließlich erscheint 1517 die in allen Sprachen verbreitete und bei allen Völkern doch ungehörte *„Querela pacis"*, die *„Klage des Friedens*, der bei allen Nationen und Völkern Europas verworfen, vertrieben und erlegt worden ist".

Aber schon damals, fast ein halbes Jahrtausend vor unserer Zeit, weiß Erasmus, wie wenig ein beredter Friedensfreund auf Dank und Zustimmung zu rechnen hat, „es ist dahin kommen, daß es als thierlich, nerrisch und unchristlich gilt, daß man den Mundt wider den Krieg öffnet", was ihn aber nicht hindert, mit immer wiederholter Entschlossenheit im Zeitalter des Faustrechtes und der gröbsten

Gewalttätigkeiten seine Angriffe gegen die Streitsucht der Fürsten zu eröffnen. Nach seiner Meinung ist Cicero im Recht, wenn er sagt, daß „ein ungerechter Friede noch besser sei als der gerechteste Krieg", und ein ganzes Arsenal von Argumenten, aus dem noch heute reichlich geschöpft werden könnte, hält der einsame Streiter dem Krieg entgegen. „Wenn die Tiere einander anfallen", klagt er, „so verstehe ichs und verzeihe es ihrer Unwissenheit", aber die Menschen müßten erkennen, daß der Krieg an sich schon notwendigerweise Ungerechtigkeit bedeute, denn er trifft gewöhnlich nicht diejenigen, die ihn anfachen und führen, sondern fast immer falle seine ganze Last auf die Unschuldigen, auf das arme Volk, das weder von Siegen noch von Niederlagen zu gewinnen habe. „Der meist Teil erreicht die, die der Krieg gar nichts angeht, und selbst wenn es im Kriege auf das allerbeste glückt, so ist doch die Glückseligkeit eines Teils der andern Schad und Verderben." Die Idee des Krieges sei also niemals mit der Idee der Gerechtigkeit zu verbinden, und dann – so fragt er abermals –, wie könne überhaupt ein Krieg gerecht sein? Für Erasmus gibt es weder im theologischen noch im philosophischen Bezirk eine absolute und alleingültige Wahrheit. Wahrheit ist für ihn immer vieldeutig und vielfarbig und ebenso das Recht, deshalb solle „an keinem Ort der Fürst bedächtiger sein, als sich zum Kriege zu bewegen, und nicht unbedingt auf sein Recht pochen, denn wer sieht nicht sein Sach als die gerecht an?" Alles Recht habe zwei Seiten, alle Dinge seien „gefärbt, angestrichen und durch Parteien verderbt", und selbst wenn einer sich im Rechte dünkte, so sei das Recht nicht durch Gewalt entschieden und auch niemals durch Gewalt beendet, denn „ein Krieg wachse aus dem andern, aus einem zween".

Für geistige Menschen bedeutet also Entscheidung durch Waffen niemals moralische Lösung eines Konflikts; ausdrücklich erklärt Erasmus, daß im Kriegsfall die Geistigen, die Gelehrten aller Nationen ihre Freundschaft nicht aufzukündigen hätten. Ihre Einstellung darf niemals sein, die Gegensätze der Meinungen, der Völker, der Rassen und Klassen durch eifernde Parteilichkeit zu verstärken, unerschütterlich haben sie in der reinen Sphäre der Menschlichkeit und Gerechtigkeit zu verharren. Ihre ewige Aufgabe bleibt, der „ungütigen, unchristlichen und thierisch wilden Unsinnigkeit des Krieges" die Idee der Weltgemeinsamkeit und Weltchristlichkeit entgegenzusetzen. Nichts wirft Erasmus der Kirche, als der höchsten moralischen Stätte, darum heftiger vor, als daß sie die große augustinische Idee des „christlichen Weltfriedens" um irdischer Machterhöhung willen preisgegeben habe. „Es schämen sich die Theologen und die Meister des christlichen Lebens nicht, Hauptanfacher, Entzünder und Beweger der Sache gewesen zu sein, die der Herr Christus so groß und sehr gehaßt hat", ruft er zornig aus und: „Wie kommt der Bischofsstab und das Schwert zusammen, der Bischofshut und der Helm, das Evangelium und der Schild? Wie geht es an, Christus zu predigen und den Krieg, mit einer einzigen Trompet Gott und den Teufel?" Der „kriegerische Geistliche" sei also nichts als Widersinn gegen Gottes Wort, denn er verleugne die höchste Botschaft, die ihm sein Herr und Lehrer zugesprochen, als er sagte: „Friede sei mit euch!"

Immer wird Erasmus leidenschaftlich, wenn er gegen Krieg, Haß und einseitige Borniertheit die Stimme erhebt, aber diese Leidenschaftlichkeit seiner Entrüstung verwirrt niemals die Klarheit seiner Weltbetrachtung. Zugleich Idealist vom Herzen her und Skeptiker vom Verstande, war sich Erasmus aller Widerstände bewußt, die sich im realen Räume der Verwirklichung jenes „christlichen Weltfriedens", jener Alleinherrschaft der humanen Vernunft entgegenstellten. Der Mann, der in seinem *Lob der Torheit* alle Spielarten des menschlichen Wahns und Widersinns in ihrer Unbelehrbarkeit beschrieben, gehörte nicht zu jenen idealistischen Träumern, die meinen, man könne mit geschriebenem Wort, mit Büchern, Predigten und Traktaten den immanenten Gewalttrieb der menschlichen Natur abtöten oder auch nur betäuben; er täuschte sich keineswegs über die Tatsache hinweg, daß diese Kraftlust und Kampffreude seit kannibalischen Tagen, seit Jahrhunderten und Jahrtausenden der Menschheit im Blute gärt, dumpfe Erinnerung an den Urhaß des einstigen Menschentiers gegen das andere Menschentier, und daß noch Jahrhunderte und vielleicht Jahrtausende sittlicher Erziehung und kultureller Emporgestaltung nötig sein werden zu einer völligen Entbestialisierung und Humanisierung des Menschengeschlechts. Er wußte, daß elementare Triebe sich nicht wegschwätzen lassen mit milden und moralischen Worten und nahm das Barbarische in dieser Welt als ein Gegebenes und zunächst Unüberwindliches hin. Sein eigentlicher Kampf ging darum in anderer Sphäre, er konnte als Geistmensch sich immer nur an den Geistigen wenden, nicht an die Geführten und Verführten, sondern an die Führer, an die Fürsten, die Priester, die Gelehrten, die Künstler, an jene, die er verantwortlich wußte und machte für jeden Unfrieden in der europäischen Welt. Als weitsichtiger Denker hatte er längst erkannt, daß der Gewalttrieb an sich noch nicht weltgefährlich ist. Die Gewalt allein hat einen knappen Atem; sie schlägt blind und tollwütig zu, aber ziellos in ihrem Willen, kurz in ihrem Denken, sackt sie nach solchen jähen Ausbrüchen ohnmächtig in sich zusammen. Selbst wo sie ansteckend wirkt und psychotisch ganze Gruppen erregt, werden es nur zuchtlose Rotten, die sich verlaufen, sobald die erste Hitze gekühlt ist. Nie sind im Laufe der Geschichte Aufstände und Ausbrüche ohne geistige Führung einer wirklichen Ordnung gefährlich geworden – erst wenn der Gewalttrieb einer Idee dient oder die Idee sich seiner bedient, entstehen die wahrhaften Tumulte, die blutigen und zerstörenden Revolutionen, denn erst durch eine Parole wird eine Rotte zur Partei, erst durch Organisation zur Armee, erst durch ein Dogma zur Bewegung. Alle großen gewalttätigen Konflikte innerhalb der Menschheit sind weniger verschuldet durch den blutgebundenen Gewaltwillen der Menschheit als durch eine Ideologie, die diesen Gewaltwillen entfesselt und gegen einen vorbestimmten anderen Teil der Menschheit treibt. Erst der Fanatismus, dieser Bastard aus Geist und Gewalt, der die Diktatur eines, und zwar seines Gedankens, als der einzig erlaubten Glaubens- und Lebensform dem ganzen Universum aufzwingen will, zerspaltet die menschliche Gemeinschaft in Feinde oder Freunde, Anhänger oder Gegner, Helden oder Verbrecher, Gläubige oder Ketzer; weil er nur sein System anerkennt und nur seine Wahrheit wahrhaben will, muß er zur Gewalt greifen, um jede andere innerhalb der gottgewollten Vielfalt der Erscheinungen zu unterdrücken. Alle gewaltsamen Einschränkungen der Geistesfreiheit, der Meinungsfreiheit, Inquisition und Zensur, Scheiterhaufen und Schafott hat nicht die blinde Gewalt in die Welt gesetzt, sondern der starrblickende Fanatismus, dieser Genius der Einseitigkeit und Erbfeind der Universalität, dieser Gefangene einer einzigen Idee, der in dies sein Gefängnis immer die ganze Welt zu zerren und sperren versucht.

Darum kann für den Humanisten Erasmus, der immer auf das Allgemeinsame der Menschheit als auf ihren höchsten und heiligsten Besitz hinweist, der Geistige keine schwerere Schuld auf sich laden, als wenn er dem ewig bereiten Willen der Massen zur Gewalttätigkeit mit einer einseitigen Ideologie den entscheidenden Vorwand gibt, denn er erregt damit Urkräfte, die seinen ursprünglichen Gedanken wild überrennen und seine reinsten Absichten zerstören. Ein einzelner kann die Masse in Leidenschaft jagen, aber fast nie ist es ihm auch gegeben, diese entfesselte Leidenschaft zurückzureißen. Wer sein Wort in eine geduckte Flamme haucht, muß sich bewußt sein, daß eine Lohe zerstörerisch auffährt, wer Fanatismus erregt, indem er ein einzelnes System des Daseins, des Denkens und Glaubens zum alleingültigen erklärt, muß die Verantwortlichkeit erkennen, daß er damit zur Weltentzweiung, zum geistigen oder wirklichen Krieg gegen jede andere Denk- und Lebensform aufruft. Jede Tyrannei eines Gedankens ist Kriegserklärung gegen die geistige Freiheit der Menschheit, und wer, wie Erasmus, für alle Ideen eine höchste Synthese sucht, eine allmenschliche Harmonie, muß darum jede Form der Denkeinseitigkeit, des blindesten Nicht-verstehen-Wollens als Angriff gegen seinen Verständigungsgedanken betrachten. Der humanistisch erzogene, der human gesinnte Mensch im erasmischen Sinne darf deshalb keiner Ideologie sich verschwören, weil alle Ideen ihrem Wesen nach zur Hegemonie streben, er hat an keine Partei sich zu binden, weil es Pflicht jedes Parteimenschen ist, parteiisch zu sehen, zu fühlen, zu denken. Er hat sich die Freiheit des Denkens und Handelns bei jedem Anlasse zu wahren, denn ohne Freiheit ist Gerechtigkeit unmöglich, sie, die einzige Idee, welche der ganzen Menschheit als höchstes Ideal gemeinsam sein soll. Erasmisch denken heißt darum unabhängig denken, erasmisch wirken im Sinne der Verständigung wirken. Der Erasmische, der Menschheitsgläubige hat nicht das Trennende innerhalb seines Lebenskreises zu fördern, sondern das Bindende, er hat nicht die Einseitigen in ihrer Einseitigkeit, die Feindlichen in ihrer Feindseligkeit zu bestärken, sondern Verstehen zu verbreiten und Verständigungen anzubahnen, und je fanatischer die Zeit wird in ihrer Parteilichkeit, um so entschlossener hat er in seiner Überparteilichkeit zu verharren, die auf das menschlich Gemeinsame in all diesen Irrungen und Verwirrungen blickt, unbestechlicher Anwalt der geistigen Freiheit und Gerechtigkeit auf Erden. Jeder Idee billigt darum Erasmus ihr Recht zu und keiner den Anspruch auf Rechthaberei; er, der die Torheit selbst zu verstehen und zu rühmen versuchte, steht keiner Theorie und These von Anfang feindlich entgegen und jeder im Augenblick, da sie die anderen vergewaltigen will. Der Humanist als der Vielwissende liebt die Welt gerade um ihrer Vielfalt willen und ihre Gegensätze erschrecken ihn nicht. Nichts liegt ihm ferner, als ihre Gegensätze aufheben zu wollen nach Art des Fanatikers und Systematikers, der alle Werte auf einen Nenner und alle Blumen auf eine Form und Farbe zu bringen sucht; eben dies ist ja das

Signum humanistischen Geistes, Gegensätze nicht als Feindschaft zu werten und für alles scheinbar Unvereinbare die übergeordnete Einheit, die menschliche, zu suchen. Da Erasmus in sich selbst die sonst schroff feindlichen Elemente zu versöhnen wußte, Christentum und Antike, Freigläubigkeit und Theologie, Renaissance und Reformation, mußte es ihm glaubhaft scheinen, auch die ganze Menschheit werde einmal die Vielfalt ihrer Erscheinungen in ein beglückendes Zusammenspiel, ihre Widersprüche in eine höhere Harmonie verwandeln. Diese letzte Weltverständigung, die europäische, die geistige, sie bildet eigentlich das einzige religiöse Glaubenselement des sonst eher kühlen und rationalistischen Humanismus, und mit derselben Inbrunst wie die andern dieses dunklen Jahrhunderts ihren Gottesglauben, verkündet er die Botschaft seines Menschheitsglaubens: daß es Sinn, Ziel und Zukunft der Welt sei, statt ihren Einseitigkeiten ihren Gemeinsamkeiten zu leben und dadurch immer humaner, immer menschlicher zu werden.

Für diese Erziehung zur Humanität weiß der Humanismus nur einen Weg: den Weg der Bildung. Erasmus und die Erasmiker meinen, das Menschliche im Menschen könne nur gesteigert werden vermittels der Bildung und des Buches, denn nur der Ungebildete, nur der Unbelehrte gebe sich unbedenklich seinen Leidenschaften hin. Der gebildete Mensch, der zivilisierte Mensch – hier liegt der tragische Fehlschluß ihres Denkens – sei grober Gewalt nicht mehr fähig, und wenn die Gebildeten, die Kultivierten und Zivilisierten die Oberhand gewännen, so müßte das Chaotische und Bestialische von selbst abklingen, Kriege und geistige Verfolgungen zum abgelebten Anachronismus werden. In ihrer Überschätzung des Zivilisatorischen mißverstehen die Humanisten die Urkräfte der Triebwelt mit ihrer unzähmbaren Gewalt und banalisieren durch ihren Kulturoptimismus das furchtbare und kaum lösbare Problem des Massenhasses und der großen leidenschaftlichen Psychosen der Menschheit. Ihre Rechnung ist etwas zu einfach: für sie gibt es zwei Schichten, eine untere und eine obere, unten die unzivilisierte, rohe, leidenschaftliche Masse, oben den klaren Bezirk der Gebildeten, der Verstehenden, der Humanen, der Zivilisierten, und die Hauptarbeit scheint ihnen getan, wenn es gelingt, immer größere Teile der unteren Schichten, der unkultivierten, in die obere der Kultur zu ziehen. So wie in Europa immer mehr Ödland urbar gemacht wurde, in dem sich vordem wild und gefährlich die reißenden Tiere umtrieben, so müsse es auch im Menschlichen gelingen, allmählich den Unverstand und die Roheit in unseren europäischen Bezirken auszuroden und eine freie, klare und fruchtbare Zone der Menschlichkeit zu schaffen. So setzen sie an die Stelle des religiösen Gedankens die Idee eines unaufhaltsamen Aufstiegs der Menschheit. Der Fortschrittsgedanke, lange ehe durch Darwin eine wissenschaftliche Methode, wird durch sie zum moralischen Ideal: auf ihm ruhen das achtzehnte und das neunzehnte Jahrhundert, in vieler Hinsicht sind erasmische Ideen die Hauptprinzipien der modernen Gesellschaftsordnung geworden. Dennoch wäre nichts verfehlter, als im Humanismus und vollends in Erasmus einen Demokraten und einen Vorläufer des Liberalismus zu sehen. Nicht einen Augenblick denken Erasmus und die Seinen daran, dem Volk, dem ungebildeten und unmündigen – für sie ist jeder Ungebildete ein Unmündiger – auch nur das geringste Recht einzuräumen, und obwohl sie zwar abstrakt die ganze Menschheit lieben, hüten sie sich sehr, mit dem *vulgus profanum* sich gemein zu machen. Blickt man näher zu, so ist bei ihnen statt des alten Adelshochmuts nur ein neuer gesetzt, jener dann durch drei Jahrhunderte weiterwirkende akademische Dünkel, der einzig dem Lateinmenschen, dem Universitätsgebildeten, den Anspruch zuerkennt, über Recht und Unrecht, über sittlich und unsittlich zu entscheiden. Die Humanisten sind ebenso entschlossen, im Namen der Vernunft die Welt zu regieren wie die Fürsten im Namen der Gewalt und die Kirche im Namen Christi. Ihr Traum zielt auf eine Oligarchie, eine Herrschaft der Bildungsaristokratie: nur die Besten, die Kultiviertesten, οἱ ἄριστοι, sollen im Sinne der Griechen die Führung der *polis*, des Staates übernehmen. Kraft ihres überlegenen Wissens, ihrer hellsichtigeren und humaneren Anschauung fühlen sie sich allein berufen, als Mittler und Führer in die ihnen töricht und rückständig erscheinenden Streitigkeiten zwischen den Nationen einzugreifen, aber diese Verbesserung der Zustände wollen sie durchaus nicht mit Hilfe des Volkes erzielen, sondern über die Masse hinweg. So stellen im tiefsten Grunde die Humanisten keine Absage an das Rittertum dar, sondern seine Erneuerung in geistiger Form. Sie hoffen, mit der Feder die Welt zu erobern, wie jene mit dem Schwert, und unbewußt schaffen sie sich wie jene eine eigene Gesellschaftskonvention, die sich von den „Barbaren" absondert, eine Art höfischen Zeremoniells. Sie adeln ihre Namen, indem sie sie ins Lateinische oder Griechische übersetzen, um damit ihre Herkunft aus dem Volk zu verschleiern, sie nennen sich *Melanchthon* statt Schwarzerd, *Mykonius* statt Geißhüsler, *Olearius* statt Oelschläger, *Chytraeus* statt Kochhafe und *Cochlaeus* statt Dobnick, sie kleiden sich mit besonderer Sorgfalt in schwarze, wallende Gewänder, um sich von dem Stande der andern Stadtleute schon äußerlich zu distanzieren. Sie würden es ebensosehr für Erniedrigung halten, ein Buch oder einen Brief in ihrer Muttersprache zu schreiben, wie ein Ritter sich entrüstete, wollte man ihm zumuten, statt hoch zu Roß vorauszuziehen, im Troß mit dem gemeinen Fußvolk zu marschieren. Jeder einzelne fühlt sich durch das gemeinsame Kulturideal zu einer besonders vornehmen Haltung in Verkehr und Umgang verpflichtet, sie meiden heftige Worte und pflegen die urbane Höflichkeit in einem Zeitalter der Grobheit und Roheit als besondere Pflicht. In Wort und Schrift, in Sprache und Haltung bemühen sich diese Aristokraten des Geistes um Vornehmheit der Gesinnung und des Ausdrucks, und so spiegelt sich noch ein letzter Glanz des sterbenden Rittertums, das mit Kaiser Maximilian ins Grab gesunken, in diesem geistigen Orden, der statt des Kreuzes das Buch zum Panier genommen. Und wie die adelige Ritterschaft der groben, eisenspeienden Gewalt der Kanonen, so wird diese edle idealistische Schar dem wuchtigen, bauernkräftigen Stoß der Volksrevolution eines Luther, eines Zwingli in Schönheit aber ohnmächtig erliegen. Denn gerade dieses Vorbeisehen am Volke, diese Gleichgültigkeit gegen die Wirklichkeit hat von vornherein dem Reich des Erasmus jede Möglichkeit der Dauer und seinen Ideen die unmittelbar wirkende Kraft genommen: der organische Grundfehler des Humanismus war, daß er von oben herab das Volk belehren wollte, statt zu versuchen, es zu verstehen und von ihm zu lernen. Diese akademischen Idealisten glaubten schon zu herrschen, weil ihr Reich weithin reichte, weil sie in allen Ländern, Höfen, Universitäten, Klöstern und Kirchen ihre Diener, Gesandten und Legaten hatten, die stolz die Fortschritte der „*eruditio*" und „*eloquentia*" in bisher barbarischen Bezirken meldeten, aber im tiefsten umfaßte dies Reich doch nur eine dünne Oberschicht und war schwach verwurzelt mit der Wirklichkeit. Wenn Briefe aus Polen und Böhmen, aus Ungarn und Portugal jeden Tag Erasmus begeisterte Botschaft brachten, wenn aus aller Herren Ländern Kaiser, Könige und Päpste um seine Gunst warben, so mochte Erasmus in manchen Augenblicken, eingeschlossen in seine Studierstube, sich dem Wahn hingeben, das *Reich der Ratio* sei schon dauerhaft begründet. Aber über diesen lateinischen Briefen überhörte er das Schweigen der großen Millionenmasse und auch das Murren, das immer heftiger aus diesen unmeßbaren Tiefen erdröhnte. Weil das Volk für ihn nicht vorhanden war, weil er es für unfein und eines Gebildeten für unwürdig hielt, um die Gunst der Masse zu buhlen und sich mit Ungebildeten, den „Barbaren", überhaupt einzulassen, hat der Humanismus immer nur für die *happy few* und niemals für das Volk existiert, und sein platonisches Menschheitsreich ist im letzten ein Wolkenreich geblieben, eine kurze Stunde lang die ganze Welt überleuchtend, wundervoll anzuschauen, ein reines Gebilde des schaffenden Geistes, und von seiner Höhe selig niederblickend auf eine verdunkelte Welt. Aber einem wirklichen Sturm – schon ballt er sich im Dunkel – wird dieses kühle und künstliche Gebilde nicht standhalten und kampflos der Vergänglichkeit anheimfallen.

Denn dies war die tiefste Tragik des Humanismus und die Ursache seines raschen Niederganges: seine Ideen waren groß, aber nicht die Menschen, die sie verkündeten. Ein kleines Gran Lächerlichkeit haftet diesen Stubenidealisten wie immer den bloß akademischen Weltverbesserern an, dürre Seelen sie alle, wohlgesinnte, honette, ein wenig eitle Pedanten, die ihre lateinischen Namen tragen wie eine geistige Maskerade: eine schullehrerhafte Pedanterie verstaubt bei ihnen die blühendsten Gedanken. Rührend sind diese kleinen Genossen des Erasmus in ihrer professoralen Naivität, ein wenig ähnlich den braven Menschen, die man auch heute in den philanthropischen und Weltverbesserungsvereinen versammelt erblickt, theoretische Idealisten, die an den Fortschritt wie an eine Religion glauben, nüchterne Träumer, die an ihren Schreibpulten eine sittliche Welt konstruieren und Thesen des ewigen Friedens niederschreiben, während in der wirklichen Welt ein Krieg dem andern folgt und ebendieselben Päpste, Kaiser und Fürsten, die ihren Verständigungsideen begeistert Beifall zollen, gleichzeitig mit- und gegeneinander paktieren und die Welt in Brand setzen. Wird ein neues Cicero-Manuskript gefunden, so glaubt der humanistische Clan, das Weltall müsse in seinen Fugen vor Jubel erdröhnen, jedes kleine Pamphletchen versetzt sie in Feuer und Leidenschaft. Aber was die Menschen der Gasse bewegt, was in den Tiefen der Massen urgründig waltet, das wissen sie nicht und wollen sie nicht wissen, und weil sie in ihren Zimmern verschlossen bleiben, verliert ihr wohlgemeintes Wort jede Resonanz in die Wirklichkeit. Durch diese verhängnisvolle Absonderung, durch den Mangel an Leidenschaft und Volkstümlichkeit ist es dem Humanismus niemals gelungen, seinen fruchtbaren Ideen wirkliche Fruchtbarkeit zu geben. Der großartige Optimismus, der im Grunde ihrer Lehre enthalten war, vermochte nicht schöpferisch aufzuwachsen und sich zu entfalten, weil sich unter diesen theoretischen Pädagogen der Menschheitsideen kein einziger befand, dem die ungebrochene Naturkraft des Wortes gegeben war, um bis hinab ins Volk zu rufen. Ein großer, ein heiliger Gedanke verdorrt für ein paar Jahrhunderte in einem matten Geschlecht.

Aber doch, diese Weltstunde, da die heilige Wolke des Menschheitsvertrauens mit ihrem milden unblutigen Schein unsere europäische Erde überglänzte, sie war schön, und wenn ihr Wahn, schon seien die Völker im Zeichen des Geistes befriedet und vereint, auch ein voreiliger war, wir sollten ihr Ehrfurcht und Dankbarkeit entgegenbringen. Immer waren der Welt Menschen notwendig, die sich weigern, zu glauben, die Geschichte sei nichts als eine stumpfe, monotone Selbstwiederholung, ein in veränderter Gewandung sich gleich sinnlos erneuerndes Spiel, sondern die unbelehrbar darauf vertrauen, daß sie moralisch Fortschritt bedeute, daß auf unsichtbarer Stufenleiter unser Geschlecht aufsteige von Tierhaftigkeit zu Göttlichkeit, von brutaler Gewalt zum weise ordnenden Geist, und daß die letzte, die höchste Stufe der völligen Verständigung schon nahe, schon beinahe erreicht sei. Die Renaissance und der Humanismus schufen eine solche weltgläubige optimistische Minute: lieben wir darum diese Zeit und ehren wir ihren fruchtbaren Wahn. Denn zum erstenmal erwuchs damals unserem europäischen Geschlecht das Selbstvertrauen, alle früheren Epochen zu überholen und eine höhere, wissendere, weisere Menschheit zu formen als sogar Griechenland und Rom. Und die Wirklichkeit scheint diesen ersten Verkündern des europäischen Optimismus recht zu geben, denn geschehen nicht Herrlichkeiten in jenen Tagen, die alles Frühere übertreffen? Sind nicht in Dürer und Lionardo ein neuer Zeuxis und Apelles erstanden, in Michelangelo ein neuer Phidias? Ordnet nicht die Wissenschaft die Gestirne und die irdische Welt nach klaren und neuen Gesetzen? Schafft nicht das aus den neuen Ländern strömende Geld unermeßlichen Reichtum herbei und dieser Reichtum neue Kunst? Und ist nicht die Zaubertat Gutenbergs gelungen, die jetzt das schöpferische, das bildungszeugende Wort vertausendfacht über die Erde streut? Nein, es kann nicht mehr lange dauern, so jubeln Erasmus und die Seinen, und die Menschheit, so verschwenderisch von ihrer eigenen Kraft belehrt und beschenkt, muß ihre moralische Mission erkennen, in Hinkunft nur mehr brüderlich zu leben, sittlich zu handeln und alle Rückstände ihrer bestialischen Natur endgültig auszurotten. Wie Trompetenstoß dröhnt das Wort Ulrichs von Hutten über die Welt: „Es ist eine Lust zu leben", und gläubig und ungeduldig sehen von den Zinnen des erasmischen Reichs die Bürger des neuen Europa einen Lichtstreif am Horizont der Zukunft erglänzen, der nach langer Geistesnacht endlich den Tag der Weltbefriedung zu verkünden scheint.

Aber es ist nicht das heilige Morgenrot, das über der finsteren Erde dämmert: es ist der Feuerbrand, der ihre idealische Welt zerstören wird. Wie die Germanen ins klassische Rom, so bricht Luther, der fanatische Tatmensch, mit der unwiderstehlichen Stoßkraft einer nationalen Volksbewegung in ihren übernationalen, idealistischen Traum. Und noch ehe der Humanismus sein Werk der Welteinigung wahrhaft begonnen hat, schlägt die Reformation die letzte geistige Einheit Europas, die *ecclesia universalis*, mit eisernem Hammerschlag entzwei.

(1934)

———

Bibliographie

... Nam audio apud superos esse polygraphum quendam,
qui calamo suo non desinit insectari bellum et ad pacem cohortari

‚... Denn ich höre, daß es in der Oberwelt einen Vielschreiber gibt,
der nicht aufhört, mit seiner Feder den Krieg zu verfolgen
und zum Frieden zu ermuntern.‘

Erasmus von Rotterdam über sich selbst
im Dialog „Charon" (Erstausgabe 1523)[1]

EMPFOHLENE DEUTSCHE GESAMTAUSGABE
DER ‚FRIEDENSSCHRIFTEN DES ERASMUS‘

Über Krieg und Frieden. Die Friedensschriften des Erasmus von Rotterdam. Aus dem Lateinischen von Hans-Joachim Pagel, Wolfgang F. Stammler und Werner Stingl. Kommentiert von Hans-Joachim Pagel. Herausgegeben von Wolfgang F. Stammler, Hans-Joachim Pagel und Theo Stammen. Mit Beiträgen von Mariano Delgado und Volker Reinhardt. Essen: Alcorde Verlag (Franz Steiner Verlag) 2018. [543 Seiten] [Dieser Band imponiert durch seine Anlage und eine liebevolle, aufwändige Gestaltung sondergleichen].

LATEINISCHER TEXT DER „QUERELA PACIS"
(Zwei frühe Ausgaben, eine leicht greifbare Edition)

Der Erstdruck des lateinischen Originaltextes erfolgte im Dezember 1517 in Basel bei Joh. Froben[2]; davon eine von Erasmus *durchgesehene Neuausgabe*: Basel 1529. – In der zehnbändigen ‚Leidener Gesamtausgabe der Werke des Erasmus‘ (ed. Joannes Clericus, erschienen 1703-1706) steht der Text der „Querela Pacis undique gentium ejecta profligataeque" in Band IV, Kolumne 625-642. [Ein Reprint: London/Hildesheim 1962].

[DESIDERIUS ERASMUS, 1469-1536:] In hoc libello continentur Querela pacis undique gentium eiectae profligataeque: In genere consolatorio de morte declamatio; Encomium matrimonii; Encomium artis medicae / autore Des. Erasmo Roterodamo. Basileae: Jo. Froben 1518. [Online-Ausgabe der Universitätsbibliothek Basel: https://www.e-rara.ch/bau_1/doi/10.3931/e-rara-23180].

---

[1] Lat.-deutsch zitiert nach: Joachim HAMM: Pax optima rerum. In: Dulce bellum inexpertis. Wiesbaden 2002, S. 398 (s. „Ausgewählte Literatur über Erasmus").
[2] Faksimile in: *Quellen zur Geschichte des Humanismus und der Reformation in Faksimile-Ausgaben.* Band 1. Herausgegeben von Bernhardt WENDT. München [1961].

Erasmus von Rotterdam: Querela Pacis / Klage des Friedens. Lateinisch und deutsch. Übersetzt und herausgegeben von Kai Brodersen. Wiesbaden: Verlag Marix 2018.

Übertragungen der „Querela Pacis"
aus dem Lateinischen in die deutsche Sprache
(chronologische Auswahl)

1521* | [Desiderius Erasmus, 1469-1536:] „Das Christlich büchlein hern Erasmus Roterdamus genan[n]t / die Klage des Frids / in allen nation und landen verworffen vertrieben / und erlegt / Durch Georgium Spalatinum verteutscht." Augspurg: Grymm und Wirsung 1521. [Online-Ausgabe A Bayerische Staatsbibliothek: https://www.digitale-sammlungen.de/de/view/bsb10908260?page=,1] [Online-Ausgabe B: http://books.google.com]. [Nachdruck im Jahr 1566].[3]

1521* | [Desiderius Erasmus, 1469-1536:] „Ein klag des fryde[n]s der in allen Natione[n] vnd landen verworffen vertriben/ vnd erlegt / jn latin beschriben durch den aller gelertesten doctor Erasmum von Roterodam / vnd durch meister Leo Jud lütpriester des gots huß Einsydlen vertütscht. Getruckt zuo Zürich : durch Christophorum Froschouer, Jn dem jar als man zalt nach der geburt Christi M. D. XXI." [Übersetzer Leo Jud, Zürich 1521; Online-Ausgabe Zentralbibliothek Zürich: https://www.e-rara.ch/zuz/doi/10.3931/e-rara-845] [Druckedition: *Ein Klag des Frydens / Erasmus von Rotterdam*. Leo Juds Übersetzung von 1521, zusammen mit dem lateinischen Original herausgegeben von Alois M. Haas und Urs Herzog. Zürich: Orell Füssli 1968. (XXIX Blätter; 98 Seiten)].

1622* | „Teutscher Friedens Bott. Querela pacis undique gentium afflictae et profligatae. Das ist: Hertzliche und schmertzliche Weheklag deß … Jungfräwlein Friede, welches … Mars … an allen Orten der schnöden Welt … verjagt hat und vebannt. Vor mehr dann 100. Jahren in Latein beschrieben … durch Erasmus Roterodamum. Anjetzo … in unser Teutsche Sprach zum besten obergesetzt. Franckfurt am Mayn: Schmidlin 1622." [Online-Ausgabe der Österreichischen Nationalbibliothek: https://onb.digital/result/107CA70B].

1634* | [Übersetzung von Samuel Grynaeus, Pfarrer zu St. Leonhard in Basel:] „Klag / des an allen Orten und enden vertribenen und außgejagten Friedens: von Herren Desiderio Erasmo Roterodamo mehr dann vor hundert Jahren / in Latinischer Spraach beschrieben: Nun aber von einem Liebhaber des Friedens in die Teutsche versetzt: Bey disen jetzigen trübseligen Zeiten sehr-nutzlich und nohtwendig zu lesen. Gedruckt zu Basel / In Verlegung Johann Jacob Genaths / Anno 1634." [Online-Ausgabe: http://books.google.com] [Ein Exemplar: Universitätsbibliothek Basel Kirchenarchiv JX54].

---

[3] Lit. Kay Nagel: *Georg Spalatin* [1482-1545] *als Übersetzer*. Baden-Baden 2022.

1666 | Übersetzung der „Krieg und Friedensklage" des Erasmus durch den Lübecker Gelehrten Joachim Gerdes (1507-1668) im Jahr 1666.[4]

1934 | ERASMUS VON ROTTERDAM / RUDOLF LIECHTENHAN (Übers.): Erasmus von Rotterdams Klage des Friedens. Unter Beigabe einer geschichtlichen Einleitung übersetzt von D. Rudolf Liechtenhan. Pfarrer und Privatdozent in Basel. Bern – Leipzig: Gotthelf-Verlag 1934. [63 Seiten; in der vorliegenden Publikation ediert].

1945 | ERASMUS VON ROTTERDAM: Die Klage des Friedens. Übertragung und Nachwort von Arthur von Arx. Klosterberg / Basel: Verlag Benno Schwabe & Co 1945. [103 Seiten].

1953 | ERASMUS VON ROTTERDAM: Die Klage des Friedens, der bei allen Völkern verworfen und niedergeschlagen wurde (1517). Übersetzt von Dr. Werner Hahlweg[5], Münster. In: Kurt von Raumer (Hg.): Ewiger Friede. Friedensrufe und Friedenspläne seit der Renaissance. Freiburg / München: Karl Alber, S. 211-248.

1968 | ERASMUS VON ROTTERDAM: Die Klage des Friedens. Übersetzt, eingeleitet und mit Anmerkungen versehen von Gertraud Christian. In: Erasmus von Rotterdam: Ausgewählte Schriften. Lateinisch / Deutsch. Herausgegeben von Werner Welzig. (Acht Bände). Band 5. Darmstadt: Wissenschaftliche Buchgesellschaft 1968, S. 359-451. [Folgeauflagen].

1984 | ERASMUS VON ROTTERDAM: Die Klage des Friedens. Herausgegeben und übersetzt von Brigitte Hannemann. München/Zürich: Piper 1984. [99 Seiten] [Folgeauflagen; auch Zürich: Diogenes 1998].

2001 | ERASMUS VON ROTTERDAM: Die Klage des Friedens. Übertragen und herausgegeben von Kurt Steinmann. Frankfurt a. M.: Insel-Verlag 2001. [116 Seiten].

2018a | ERASMUS VON ROTTERDAM: Die Klage des Friedens (Querela Pacis). Übersetzt von Wolfgang F. Stammler. In: *Über Krieg und Frieden*. Die Friedensschriften des Erasmus von Rotterdam. Herausgegeben von Wolfgang F. Stammler, Hans-Joachim Pagel und Theo Stammen. Essen: Alcorde Verlag 2018, S. 277-334.

2018b | ERASMUS VON ROTTERDAM: Querela Pacis / Klage des Friedens. Lateinisch und deutsch. Übersetzt und herausgegeben von Kai Brodersen. Wiesbaden: Marix 2018. [160 Seiten].

---

[4] Literatur: Irma ELTINK: Erasmus-Rezeption zwischen Politikum und Herzensangelegenheit. „Dulce bellum inexpertis" und „Querela Pacis" in deutscher Sprache im 16. und 17. Jahrhundert. Amsterdam/Utrecht 2006, S. 215-248.
[5] [Dieser Übersetzer arbeitete für den nationalsozialistischen Staat als Militärhistoriker; als solcher auch wieder ab 1950/1957/1969 Hochschullehrer in Münster: https://wiki.muenster.org/index.php/Werner_Hahlweg]

LITERATUR ÜBER ERASMUS VON ROTTERDAM
(Kleine Auswahl)

BAINTON 1972 = Roland H. Bainton: Erasmus. Reformer zwischen den Fronten. Mit 66 Abbildungen. Göttingen: Vandenhoeck & Ruprecht 1972. [Englische Erstausgabe: New York 1969].

ECKERT 1967 = Willehad Paul Eckert: Erasmus von Rotterdam, Werk und Wirkung. (= Zeugnisse der Buchkunst, 4). Köln: Wienand-Verlag 1967. [Zwei Bände; 654 Seiten].

ELTINK 2006 = Irma Eltink: Erasmus-Rezeption zwischen Politikum und Herzensangelegenheit. „Dulce bellum inexpertis" und „Querela Pacis" in deutscher Sprache im 16. und 17. Jahrhundert. Amsterdam/Utrecht: APA-Holland University Press 2006.

HALKIN 1989 = Léon E. Halkin: Erasmus von Rotterdam. Eine Biographie. Zürich: Benziger 1989.

HAMM 2002 = Joachim Hamm: Pax optima rerum. Zu den Friedensschriften des Erasmus von Rotterdam und ihrer zeitgenössischen literarischen Rezeption. In: Horst Brunner, Joachim Hamm, Mathias Herweg, Freimut Löser, Sonja Kerth, Johannes Rettelbach: Dulce bellum inexpertis. Bilder des Krieges in der deutschen Literatur des 15. und 16. Jahrhunderts. (= Imagines medii aevi 11). Wiesbaden 2002, S. 394-463.

HUIZINGA 1993 = Johan Huizinga: Erasmus. Eine Biographie. Mit einem Nachwort von Heinz Holeczek und aktualisierter Bibliographie. (= Rowohlt Monographie). Reinbeck 1993. [Erstes Erscheinungsjahr des Werkes 1928; hernach auch: Basel 1988].

HUIZINGA 2016 = Johan Huizinga: Erasmus und Luther – Europäischer Humanismus und Reformation. Neuübersetzung von Hartmut Sommer. Kevelaer: Topos 2016. [Erstes Erscheinungsjahr des Werkes ‚Erasmus': 1928].

KISCH 1969 = Guido Kisch: Erasmus' Stellung zu Juden und Judentum. In: Philosophie und Geschichte. Nr. 83/84. Tübingen: Mohr 1969, S. 5-39.

KRAUSE 1982 = Gerhard Kraus u. a.: ‚Erasmus, Desiderius (1466/69-1536)'. In: G. Krause / G. Müller (Hg.): Theologische Realenzyklopädie, Band X. Berlin / New York: Walter de Gruyter 1982, S. 1-77 ff.

KROLL 1997 = Frank-Lothar Kroll: Erasmus von Rotterdam. Humanismus und Theologie im Zeitalter der Reformation. In: Helmut Altrichter (Hg.): Persönlichkeit und Geschichte. Erlangen: Palm und Enke 1997, S. 57-68.

LANGEREIS 2023 = Sandra Langereis: Erasmus: Biografie eines Freigeists. Berlin: Propyläen 2023. [Niederländisch: *Erasmus. Dwarsdenker. Een biografie.* Übersetzt von Bärbel Jänicke].

OBERMANN 1981 = Heiko A. Obermann: Wurzeln des Antisemitismus. Christenangst und Judenplage im Zeitalter von Humanismus und Reformation. Berlin: Severin und Siedler 1981.

OELRICH 1961 = Karl Heinz Oelrich: Der späte Erasmus und die Reformation (= Reformationsgeschichtliche Studien und Texte. Band 86). Münster: Aschendorffsche Verlagsbuchhandlung 1961.

SCHULTZ 1998 = Uwe Schultz: Erasmus von Rotterdam. Der Fürst der Humanisten. Ein biographisches Lesebuch. München: Deutscher Taschenbuch Verlag 1998.

STUPPERICH 2017 = Robert Stupperich: Erasmus von Rotterdam und seine Welt. Berlin / Boston: De Gruyter 2017.

ZELLER 2006 = Susanne Zeller: Der Humanist Erasmus von Rotterdam (1469–1536) und sein Verhältnis zum Judentum. In: Kirche und Israel: Neukirchener theologische Zeitschrift. Band 21 (2006), S. 17-28.

ZWEIG 1935* = Stefan Zweig: Triumph und Tragik des Erasmus von Rotterdam. Wien: Herbert Reichner Verlag 1935. [229 Seiten & Inhaltsverzeichnis; viele Folgeauflagen; Auszug in vorliegender Publikation] [Eine Online-Ausgabe: archive.org].

Vignette mit Erasmus-Porträt | Amsterdam: David Mortier, 1718

edition pace

Begründet von Thomas Nauerth
und Peter Bürger

John Dear
EIN MENSCH DES FRIEDENS
UND DER GEWALTFREIHEIT WERDEN
Ausgewählte Aufsätze und Reden.
Norderstedt: BoD 2018 – ISBN: 978-3-7460-8898-3

Heinrich Missalla
„GOTT MIT UNS"
Die deutsche katholische Kriegspredigt 1914-1918.
Norderstedt: BoD 2018 – ISBN: 978-3-7528-1568-9

Christian Weisner / Friedhelm Meyer / Peter Bürger (Hg.)
„GEDENKT DER HEILIGSPRECHUNG VON OSCAR ROMERO
DURCH DIE ARMEN DIESER ERDE"
Dokumentation des Ökumenischen Aufrufes
zum 1. Mai 2011 – Zuschriften – Lesesaal.
Norderstedt: BoD 2018 – ISBN: 978-3-7460-7979-0

Reinhard J. Voß
DIE KATHOLISCHE KIRCHE IN DER DR KONGO
IM KONTEXT VON GESELLSCHAFT UND ÖKUMENE.
Norderstedt: BoD 2019 – ISBN: 978-3-7481-4482-3

Matthias-W. Engelke
ZELT DER FRIEDENSMACHER
Die christliche Gemeinde
in Friedenstheologie und Friedensethik.
Norderstedt: BoD 2019 – ISBN: 978-3-7494-3645-3

IM SOLD DER SCHLÄCHTER
Texte zur Militärseelsorge im Hitlerkrieg
Hg. R. Schmid, Th. Nauerth, M.-W. Engelke, P. Bürger.
Norderstedt: BoD 2019 – ISBN: 978-3-7481-0172-7

John Dear
GEWALTFREI LEBEN
Aus dem Englischen von Ingrid von Heiseler,
herausgegeben von Thomas Nauerth.
Norderstedt: BoD 2019 – ISBN: 978-3-7494-5179-1

DIE SEELEN RÜSTEN
Zur Kritik der staatskirchlichen Militärseelsorge
Hg. R. Schmid, Th. Nauerth, M.-W. Engelke, P. Bürger.
Norderstedt: BoD 2019 – ISBN: 978-3-7494-6804-1

Peter Bürger
OSCAR ROMERO, DIE SYNODALE KIRCHE
UND ABGRÜNDE DES KLERIKALISMUS
Zum 40. Todestag des Lebenszeugen aus El Salvador.
Norderstedt: BoD 2020 – ISBN: 978-3-7504-9377-3

Ullrich Hahn
VOM LASSEN DER GEWALT
Thesen, Texte, Theorien
zu Gewaltfreiem Handeln heute.
Hg. Annette Nauerth & Thomas Nauerth.
Norderstedt: BoD 2020 – ISBN: 978-3-7519-4442-7

Wilhelm Wille
SIE SAGEN FRIEDE, FRIEDE …
Zwanzig Jahre Forum Friedensethik
in der Evangelischen Landeskirche in Baden (FFE).
Norderstedt: BoD 2020 – ISBN: 978-3-7526-2956-9

Thomas Nauerth /
Ökumenisches Institut für Friedenstheologie (Hg.)
WAS IST FRIEDENSTHEOLOGIE ? EIN LESEBUCH.
Norderstedt: BoD 2020 – ISBN: 978-3-7526-4444-9

George Pattery S.J.
GANDHI ALS GLAUBENDER
Eine indisch-christliche Sichtweise.
Aus dem Englischen von Ingrid von Heiseler.
Herausgegeben von Klaus Hagedorn & Thomas Nauerth.
Norderstedt: BoD 2021 – ISBN: 978-3-7557-0056-2

Eberhard Bürger
FRIEDENSBEWEGUNGEN IN DER ÖKUMENE
UM DIE ZEIT DES ERSTEN WELTKRIEGS – EIN ÜBERBLICK
(Regal zur Geschichte des Pazifismus 4)
Norderstedt: BoD 2024 – ISBN 978-3-7597-0660-7

Dieter Riesenberger
DIE KATHOLISCHE FRIEDENSBEWEGUNG
IN DER WEIMARER REPUBLIK.
Neuedition der Auflage von 1976.
Mit einem Vorwort von Walter Dirks und einem
Nachruf für Dieter Riesenberger von Helmut Donat.
(Regal: Geschichte der Friedensbewegung 5)
Norderstedt: BoD 2024 – ISBN 978-3-7597-0649-2

David Low Dodge
KRIEG IST MIT DER RELIGION JESU CHRISTI UNVEREINBAR.
Eine pazifistische Pionierschrift aus dem Jahr 1812,
mit einer Einführung von Edwin D. Mead –
aus dem Englischen von Ingrid von Heiseler.
(Regal: Geschichte der Friedensbewegung 6)
Norderstedt: BoD 2024 – ISBN: 978-3-7597-3038-1

Johann von Bloch
DIE WAHRSCHEINLICHEN POLITISCHEN UND WIRTSCHAFTLICHEN
FOLGEN EINES KRIEGES ZWISCHEN GROßMÄCHTEN.
Neuedition der Übersetzung von 1901 mit Begleittexten
von B. Friedberg, Manfred Sapper und Jürgen Scheffran
(Regal: Pazifisten & Antimilitaristen aus jüdischen Familien 1)
Norderstedt: Bod 2024 – ISBN: 978-3-7597-2313-0

edition pace

Die hier fortgesetzte *edition pace*,
initiiert von Thomas Nauerth und Peter Bürger,
erschließt Quellentexte, Inspirationen & Forschungsbeiträge
zu folgenden Themenschwerpunkten:

Kultur der Gewaltfreiheit und des Friedens;
Persönlichkeiten, Spiritualität und Praxis
des gewaltfreien Widerstands;
Friedenstheologie, Kritik der Kriegsreligion;
Kirchliche Friedenslehren und Geschichte des
religiös motivierten Pazifismus;
Ökumenische und interreligiöse Lernprozesse
in der Bewegung für Gerechtigkeit, Frieden und
Bewahrung der Schöpfung.

Ergänzend:
Regal zur Geschichte der Friedensbewegung.

Regal: Pazifisten & Antimilitaristen
aus jüdischen Familien.

Buchausgaben:
https://buchshop.bod.de/
(Suchfunktion I Eingabe: *edition pace*)